Azubi KEVIN rockt den B2B-Vertrieb

und macht den alten Verkäufern
mächtig Feuer unterm Hintern!

Das beste Vertriebs-Handbuch für
AZUBIS + Einsteiger + Junior-Verkäufer
in der neuen Welt VERKAUFEN 4.0

Werner F. Hahn
Verkaufstrainer + Fachbuchautor

„Ich habe in meiner Karriere über 9.000 Korbwürfe verfehlt. Ich habe fast 300 Spiele verloren. 26-mal wurde mir der spielentscheidende Wurf anvertraut und ich habe daneben geworfen.

Ich habe wieder und wieder und wieder versagt. Und deswegen bin ich erfolgreich."

Michael Jordan

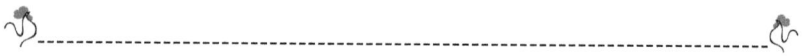

© 2017 Werner F. Hahn
Rel. 01-01.09.2017
Herstellung und Verlag: BoD - Books on Demand, Norderstedt
ISBN: 978-3-7431-9171-6

Bibliografische Information der Deutschen Nationalbibliothek: Die Deutsche Nationalbibliothek verzeichnet diese Publikation in der Deutschen Nationalbiografie; detaillierte bibliografische Informationen sind im Internet über http://dnb.-nb.de abrufbar.

Herausgeber: Werner F. Hahn GmbH, Willy-Brandt-Platz 6, 55122 Mainz

Idee für den Titel: Angela Kosa, http://c-communication.com

Umschlaggestaltung: Gregor Zawadzki, www.ingenium-design.de

Cartoons: Markus Blatz, rotten-vegetable@gmx.de

WORD-Beratung: Marina D'Avis info@davis-grafik.de

Fotos: www.fotolia.com

Im Folgenden ist der Einfachheit immer vom „Verkäufer" die Rede, denn die ständige Unterteilung in „der Verkäufer/die Verkäuferin" stört den Lesefluss erheblich. Seid mir bitte nicht gram, liebe Leserinnen, ich kann gar nicht frauenfeindlich sein, denn ich halte die Frauen sowieso für die besseren Vertriebsprofis.

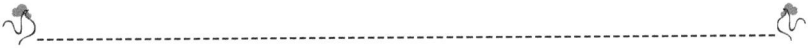

Wissenschaftliche Untersuchungen sind zu dem Ergebnis gekommen, dass die „*Du*"-Ansprache der direktere Weg zum Unterbewusstsein ist. Du bist ja sicher daran interessiert, einen größtmöglichen Nutzen aus diesem Buch zu ziehen. Deswegen habe ich die respektvolle „*Du*"-Ansprache gewählt. Solltest du weiterhin das „*Sie*" bevorzugen, dann stell dir bei jedem „*Du*" einfach vor, dass du mit „*Sie*" angesprochen wirst.

Dieses Buch ist urheberrechtlich geschützt. Teile dieses Buches dürfen jedoch gerne reproduziert oder unter Verwendung elektronischer Systeme gespeichert, verarbeitet, vervielfältigt oder verbreitet werden, immer mit dem Hinweis

© Werner F. Hahn, www.wernerhahn.de

Inhaltsverzeichnis

Einleitung　13

Verkaufen　15

Wie Gewinner gewinnen　17

Kapitel #1:　Der Schlüssel zum Topp-20%-Verkäufer　20

Kapitel #2:　Jeder ist im Verkauf – manche wissen es noch nicht　24

Kapitel #3:　Die acht Stufen des Verkaufsprozesses　30

Stufe #1:　Meine JA!-Einstellung zum Verkaufen　32
- Für den ersten Eindruck – gibt es eine zweite Chance?　36
- "Die Menschen kaufen dich" – 5 Tipps für den ersten Eindruck　38
- Du hast doch schon als Kind gut verkauft　39
- Wie du deine innere Einstellung positiv beeinflussen kannst　43
- 15 Punkte, wie du durch eine bessere Körpersprache mehr Vertriebserfolge erzielst　46

Stufe #2:	Potential und Akquisition	51
	• Dein Potential	51
	• Die Bedeutung eines Telefonleitfadens	57
	• Sechs Gründe für einen Telefonleitfaden	61
	• Diese drei Fragen solltest du beantworten, bevor du zum Hörer greifst	66
	• Die Genialität liegt in der Einfachheit	70
	• Erfolgreich akquirieren - Beispiel #1:	72
	• Erfolgreich akquirieren - Beispiel #2:	73
	• Am Telefon erfolgreich akquirieren	75
	• Wie baust du eine harmonische Beziehung zu deinem Interessenten auf?	79
Stufe #3:	Bedarfsanalyse mit Fragetechnik	83
	• Fragetypen	84
	• Schalte zuerst deine Ohren auf Empfang und öffne dann dein Mundwerk	87
	• Drei Fragen, die du nie stellen solltest	93
	• Die 3+2 Schlüsselfragen für jedes erfolgreich geführte Verkaufsgespräch	93
	• Drei Fragen, die du deinem Interessenten auf jeden Fall stellen solltest	94
	• Stell niemals diese Frage	95
	• Übung 1: Geschlossene Fragen wandeln in offene Fragen	100
	• Übung 2: Negative Aussagen umwandeln in positive Aussagen	101
	• Übung: Aussagen mit Weichmachern umwandeln in eine zielorientierte und positive Sprache	102

Stufe #4:	**Vorteil-/Nutzenargumentation**	**104**
	• Was verkaufst du in deinem Unternehmen? Verkaufst du Produkte?	104
	• Die sechs wichtigsten Kaufmotive	105
	• Deine einzigartige NUTZEN-Argumentation	108
	• Die richtige NUTZEN-Argumentation	120
	• NUTZEN-Erwartungen deiner Gesprächspartner	123
	• Einige Beispiele für eine Vorteil-/NUTZEN-Argumentation	125
	• Übungen	127
	• Wenn Interessenten und Kunden keine Produkte kaufen, was kaufen sie?	128
	• Deine Interessenten kaufen nicht über den Preis. Sie kaufen den Wert und den Nutzen	129
Stufe #5:	**Einwand-Strategie**	**133**
	Vorwand? Einwand? Oder Kaufsignal?	133
	Die sechs wichtigsten Einwände und deine Antworten darauf:	138
	• Wir haben bereits einen Lieferanten	139
	• Sie sind zu teuer	141
	• Schicken Sie uns vorab Unterlagen zu	142
	• Rufen Sie in 3/6/9 Monaten wieder an	143
	• Muss ich noch mit meinem Boss/Partner besprechen	144
	• Vielen Dank für Ihr Angebot. Wir haben uns noch nicht entschieden."	145

Stufe #6:	Der Abschluss	147
	• Nimm immer an, dass dein Interessent den Abschluss machen will	147
	• Wie du einen großen Auftrag im Geist bereits erzielt hast	150
	• Der stille angenommene Abschluss	150
	• Einstellung kann kein Wissen ersetzen	153
	• Angenommene Abschlüsse	153
	• Den Auftrag zu bekommen ist ein Kinderspiel, wenn du dieses kleine Geheimnis kennst	154
Stufe #7:	Zusatzverkäufe	158
	• Cross-Selling	158
	• Up-Selling	158
Stufe #8:	Referenzen und Empfehlungen	160
	• Der positive Einfluss auf deinen Vertriebserfolg	160
	• Was zu tun ist, wenn es kein Kaufsignal ist	165
Kapitel #5:	Die Realität im Verkauf – es wird dir nichts geschenkt – du musst es dir verdienen	167
Kapitel #6:	Beeinflussen, überreden oder besser Überzeugen?	170
Kapitel #7:	Der erste Eindruck	171
Kapitel #8:	Der Beziehungsaufbau	174
Kapitel #9:	DNS = Der Nächste Schritt in der Angebotsphase	176

| Kapitel #10: | Sag die Wahrheit – Lügen haben kurze Beine | 181 |

| Kapitel #11: | Sprache im Verkauf | 184 |
- Der Verkauf hat seine eigene Sprache - ein eigenes Lexikon 186
- Die richtigen und falschen Worte im Verkauf 192
- Übersicht: Worte die Verkaufen und Worte, die NICHT Verkaufen 198
- Ein Satz mit acht gleichen Wörtern und acht Bedeutungen 199
- Weißt du immer genau, was du da gerade hörst? 200

| Kapitel #12: | Terminvereinbarungen am Telefon | 203 |

| Kapitel #13: | Terminvereinbarungen mit Palastwache | 207 |

| Kapitel #14: | Terminvereinbarungen mit Entscheider | 225 |

| Kapitel #15: | Kaufsignale | 251 |
- Wann ist dein Interessent bereit zu kaufen? 251
- Sieben typische Kaufsignale 253

| Kapitel #16: | Gibt es ein Wort, das dir den Verkauf erleichtert? | 256 |

Kapitel #17: Glaubenssätze im Vertrieb	260
• Die Sache mit den Glaubenssätzen	260
• Warum bilden wir Glaubenssätze	261
• Typische Glaubenssätze im Verkauf	262
Kapitel #18: Aus den Augen – aus dem Sinn	264
• Was einen Topp-20%-Verkäufer auszeichnet	265
Kapitel #19: Dein Gesprächspartner meldet sich nur, wenn sein Telefon klingelt	269
Kapitel #20: Glaubst du wirklich an: *„Den Auftrag machen?"*	274
Kapitel #21: Social selling – der absolute Selbstläufer?	279
• social-selling ist überhaupt kein Selbstläufer!	279
• Deine social-selling-Chance	280
Kapitel #22: Die goldene Frage und wie du kontinuierlich Wachstum erreichst	284
Kapitel #23: Deine fünf größten Feinde im Verkauf	288
• Der Technik-Guru	288
• Der Erbsenzähler	289
• Der böse Mann	290
• Der Diktator	291
• Du	292

Kapitel #24:	Werner F. Hahn	293
Kapitel #25:	Sales vitamins	298
Kapitel #26:	Podcast to go	299
Kapitel #27:	Persönliche Botschaft	300
Kapitel #28:	Fachbücher von Werner F. Hahn	303
Kapitel #29:	Mehr Termine. Mehr Aufträge	309
Kapitel #30:	Profite statt Rabatte	310
Kapitel #31:	Schreibfehler in diesem Buch?	311
Kapitel #32:	Danke	312
Kapitel #33:	Literatur- und Quellenverzeichnis	314
Kapitel #34:	Haftungsausschluss	316
Kapitel #35:	Kontaktdaten Werner F. Hahn	317
Lösung Übungen		318
Deine konkreten Akquisitions-Ergebnisse		324

Einleitung

Verkäufer? Vertriebsmitarbeiter im Außendienst? Das sind doch alles Treppenterrier, Drücker und Klinkenputzer! Eine weit – gerade in Deutschland – verbreitete Annahme. Doch überleg einmal, wer alles etwas verkauft:

1. Ärzte verkaufen ihren Patienten Heilmittel
2. Anwälte verkaufen den Geschworenen ein Urteil
3. Lehrer verkaufen ihren Schülern, dass es sinnvoll ist, im Unterricht aufzupassen
4. Politiker verkaufen Ihre politische Einstellung
5. Die Kirche verkauft ihre Religion
6. Böhmermann verkauft Satire
7. Die Buchhalterin verkauft der Geschäftsleitung die neuen Bilanzen
8. Qualifizierte Verkäufer verkaufen den WERThaltigen Nutzen und machen dadurch mehr Aufträge, mehr Umsatz und erfreuen sich an steigenden Provisionen. Da grüßt die Familie von den Malediven.

Egal in welchen Berufen wir arbeiten oder ausgebildet werden, wir halten Präsentationen vor unseren Kollegen und führen Gespräche mit neuen Kunden und Interessenten. Heutzutage beinhaltet vieles, was wir tun, die Aufgabe, jemanden zu etwas zu bewegen.

Das heißt, wir bringen andere Menschen dazu, sich von bestimmten Ressourcen zu trennen - sei es etwas Greifbares wie Bargeld oder etwas Abstrakteres wie Engagement oder Aufmerksamkeit -, damit beide Seiten das bekommen, wonach sie streben.

Verkaufen ohne zu verkaufen? Bei der Analyse deines Arbeitstages wirst du feststellen, dass auch du einen guten Teil des Tages damit verbringst, etwas im weiteren Sinn zu verkaufen: andere zu überreden, zu beeinflussen und zu überzeugen.

Fazit: Wir sind doch alle im Verkauf!

Dieses Buch habe ich für alle Auszubildenden geschrieben, egal in welchen Berufen sie derzeit ausgebildet werden. Im Verkauf geht es darum, jeden Tag etwas Neues zu lernen – denn Erfolg wirst du nur haben, wenn du täglich lernst. Das wird dich dein ganzes Leben lang begleiten. Und es wird dir viel Spaß und Freude bereiten, da du deine Ergebnisse sofort siehst. Für den einen wird das erschreckend sein und für den anderen motivierend.

Egal von welcher Basis du heute startest, ich bin an deiner Seite und will dich zu einer **Topp-20%-Verkäuferin** oder zu einem **Topp-20%-Verkäufer** ausbilden. Meine Mission ist, dass du einen strukturierten Verkaufsprozess als Basis kennen lernst. Es geht letztlich immer um den Abschluss – doch solltest du die Dollarzeichen in deinen Augen vermeiden. Setz lieber auf gute Gefühle, denn deine Gesprächspartner werden sich selten daran erinnern, was alles konkret besprochen wurde. Sie werden sich immer daran erinnern, welche Gefühle sie in dem Gespräch mit dir hatten. Und wenn es positive Gefühle waren, werden sie auch gerne bei dir kaufen.

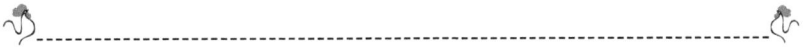

Eine positive JA!-Einstellung kommt immer von innen.

Es hat nichts damit zu tun, was dir widerfährt.

Es hat damit zu tun, wie du auf das reagierst, was dir widerfährt.

Ich werde dir einige Verkaufstechniken vermitteln. Es ist wichtig, wie Interessenten und Kunden heute kaufen. Dank Internet und Smartphone sind viele Gesprächspartner besser informiert als Verkäufer – Willkommen in der neuen Welt VERKAUFEN 4.0.

Vor zwanzig Jahren haben mir die sogenannten *„Internet-Gurus"* prophezeit, dass die Zeit des Verkaufens endgültig vorbei sei. Geschäfte werden nur noch über das Internet abgewickelt. Zum Teil stimmt diese Aussage, wenn wir an den Bereich Business-to-Consumer (B2C) denken.

Allerdings sind im Business-to-Business (B2B) in den USA in den letzten zwölf Jahren zehn Prozent mehr Verkäufer eingestellt worden. B2B ist das beratungsintensivere Geschäft und auch hier in Deutschland werden in dem Segment immer mehr qualifizierte Verkäufer eingestellt. Glaubst du wirklich, dass Geschäfte von der ABC-GmbH mit der XYZ-GmbH gemacht werden? Oder glaubst du, dass Frau Meier bei Herrn Schulze kauft?

Deswegen vermeide ich den Begriff B2B – ich spreche lieber von H2H, von Human to human. Das ist das Geschäft von Mensch zu Mensch.

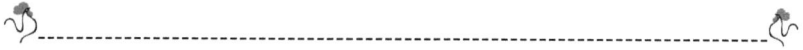

Eine gute Basis, um an qualifizierte Verkäufer zu kommen, besteht in der Ausbildung der Mitarbeiter im eigenen Unternehmen. Dazu soll auch dieses Buch beitragen.

Dieses Buch ist anders – es ist kein Lesebuch von Anfang bis Ende. Es ist ein Arbeitsbuch. Such dir die einzelnen Kapitel, die dich interessieren heraus und studiere sie in deiner täglichen Praxis.

Verkaufen heißt, dem Kunden zu helfen, das zu bekommen, was er braucht und ihm dabei ein gutes Gefühl zu vermitteln.

Und zwar vor, während und nach dem Kauf.

Wie Gewinner gewinnen

Hast du dir schon einmal Gedanken über die Siege in den verschiedenen Sportarten gemacht?

Ich denke an die Formel 1 Rennen, an die Olympiade, an manche Pferderennen – da gibt es nur einen hauchdünnen Vorsprung von Platz 1 zu Platz 2. Das kann bei der Olympiade ein Unterschied von 0,1 Sekunde sein, wie beim Formel 1 Rennen.

Welche besonderen Anstrengungen musst du tun, um besser zu sein als deine Konkurrenz?

Nimm nicht an, dass deine Konkurrenz viel besser ist als du.

Nimm nicht an, dass du viel besser sein musst als deine Konkurrenz, um Aufträge zu gewinnen.

Du solltest nur in einigen Bereichen ein wenig besser sein als deine Konkurrenz.

Kleine Mosaiksteine setzen sich zu einem Gesamtbild zusammen. Je mehr du tust umso mehr werden sie dich engagieren.

Gewinner haben immer einen Plan

Verlierer immer eine Entschuldigung.

Gewinner lieben es, zu gewinnen. Du kannst auch sagen: *„Gewinner hassen es, zu verlieren!"* Welcher von den beiden ist der größere Motivator? Das ist abhängig von der Person. Ich glaube, dass das „gewinnen" ein größerer und positiver Motivator für die Topp-20%-Verkäufer ist.

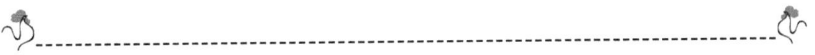

Topp-20%-Verkäufer lassen sich nicht einordnen. Sie schwimmen nicht in der Masse. Tatsache ist: sie rocken das Boot. Sie konzentrieren sich nicht auf das Gewöhnliche. Sie konzentrieren sich auf das Außergewöhnliche.

Hier kommt eine Liste was Gewinner tun, um zu gewinnen:

- Sie wissen genau, was sie wollen – sie erwarten es bereits.
- Sie vereinbaren es mit sich – es bekommt eine hohe Priorität.
- Es wird zu einer Gewohnheit – eine tägliche Gewohnheit
- Sie bauen diese Gepflogenheit permanent aus – das ist der Schlüssel
- Sie wissen, dass eine besondere Anstrengung den 1. Platz bedeuten kann. Deswegen geben sie nie auf.
- Sie wissen, dass das Gewinnen nicht das Ziel ist – sie setzen sich immer wieder neue Ziele.
- Sie wissen, wie sie sich wieder hochrappeln, wenn sie mal am Boden liegen – sie springen wieder hoch.
- Sie wissen, dass harte Arbeit den Erfolg bringt – deswegen gehen sie mit ihrer Zeit sehr sorgfältig um.

Es gibt keine Geheimnisse bei den Gewinnern. Das kannst du jeden Gewinner-Typen fragen. Das Geheimnis liegt rund um das Gewinnen.

Glaub nicht, dass du ein Gewinner-Typ bist, wenn du das Gewinner-Potential schon in dir fühlst. Manche nehmen den Satz: *„Er hatte permanentes Gewinner-Potential"* mit ins Grab.

Um ein Gewinner zu sein, musst du nur gewinnen, wieder gewinnen, noch mal gewinnen, erneut gewinnen und immer wieder gewinnen.

Willkommen im Gewinner-Kreis!

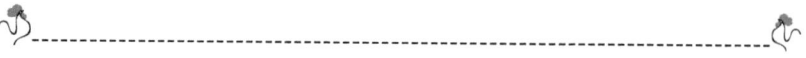

Kapitel #1: Der Schlüssel zum Topp-20%-Verkäufer

In meiner Verkaufsausbildung sprach mein Mentor des Öfteren davon, dass Verkaufen so ähnlich sei wie Fische fangen. Je mehr Angelhaken du ins Wasser hältst, umso mehr Fische wirst du fangen.

Die Erfahrung habe ich auch oft gemacht und stimme der Aussage zu. Ich will jedoch diese Aussage etwas zusätzlich interpretieren.

Als ich in meiner Jugendzeit zum Fischen ging, konnte es passieren, dass ich sechs Stunden am See saß und nicht ein Fisch angebissen hatte. Im amerikanischen Fernsehen und auf YouTube verfolge ich ab und zu die absoluten Profis. Diese Jungs stoppen ihr Boot an irgendeiner Stelle auf dem See, halten die Angelleine ins Wasser und nach zwei Minuten zappelt der erste Fisch an der Angel. Ich frage mich immer: *„Wie machen die das?"*

Was ist der Unterschied zwischen diesen Profis und mir? Selbst wenn ich im gleichen Boot sitze, die gleiche Angelausrüstung einsetze – die Profis haben spätestens nach 30 Minuten den ersten Fang sicher im Boot und ich fange den lieben langen Tag keinen einzigen *„Hering"*.

Hier sage ich dir den Grund:

Sobald ich mit meinem Boot auf den See fahre, sehe ich die Oberfläche des Sees und die Uferbereiche. Ich habe keine Ahnung, was unterhalb der Oberfläche – auch im Uferbereich - passiert. Für mich ist mein derzeitiger Angelplatz der gleich gute Platz wie in zwanzig oder hundert Meter Entfernung.

Der Angelprofi hat eine völlig andere Wahrnehmung. Er weiß, wie der Fisch lebt. Er weiß, wie er im See nach Futter sucht. Er weiß, wann er nach Futter sucht und welche anderen Fische er gerne verspeist. Er weiß, wo er sich mit anderen Fischen aufhält und welche Plätze er zum Ausruhen bevorzugt.

Ein Angelprofi weiß alles über seine Ausstattung (das Boot, die Rute mit der Rolle, die Leine, die Köder etc.) und er weiß alles über die Fische. Er weiß exakt, was sie bevorzugen und wie sie sich verhalten.

Ich war einmal blöd genug, gegen einen Profi anzutreten. Du ahnst schon, dass ich der absolute Looser war (schlimmer war nur noch ein Kanuwettbewerb, da kam ich rückwärtsfahrend als vierter ins Ziel – peinlich, da nur vier Teilnehmer in der Klasse starteten!).

Selbst wenn wir das gleiche Boot nehmen würden, die gleiche Angel mit den identischen Rollen, Leinen und Ködern – meine Chance zu gewinnen tendiert sicher gegen Null.

Ich sehe die Oberfläche des Wassers und der Profi weiß, was unterhalb der Oberfläche alles passiert. Er kennt die Population der Fische, er kennt ihre Aktivitäten auf dem Grund des Sees und er kennt das Verhalten der Fische im Schwarm. Er berücksichtigt die Außen- und Wassertemperatur, die Wolken, den Einfallswinkel der Sonnenstrahlen, die Tages- oder Nachtzeit. Er versteht und interpretiert Themen, von denen ich gar nicht wusste, dass sie überhaupt existieren.

Das Boot, die Angel, die Rolle, die Leine und der Köder – das sind die Werkzeuge, die du zum Angeln benötigst.

Verkäufer haben ihr eigenes Werkzeug: die Kaltakquise, den Nutzen, den Verkaufsprozess, die Präsentation, der Probe-Abschluss, die Einwände, der Abschluss, die Empfehlung, der Zusatzverkauf etc. Du solltest ein Experte sein bei der Benutzung dieser Werkzeuge. In den meisten Fällen konzentrieren sich die Verkaufstrainings lediglich auf diese Basis-Werkzeuge. Dabei gibt es nur wenige Trainer die in der Lage sind, diese Themen aktiv zu vertiefen und zu perfektionieren (da kenne ich einen guten Trainer: 0171 650 56 90).

Willst du ein Topp-Verkäufer werden, dann ist es wichtig für dich, dass du verstehst, WIE deine Interessenten und Kunden kaufen, WIE sie auf Verkäufer reagieren, WIE sie mit den vielen Informationen umgehen und WIE sie ihre Entscheidungen treffen.

So wie du heute verkaufst, siehst du nur die Oberfläche des Sees. Schaust du unter die Oberfläche, dann erkennst und verstehst du, was unterhalb der Oberfläche alles passiert. Du verstehst die Gedanken, das Verhalten und die Nutzenerwartungen deiner individuellen Gesprächspartner. Jetzt bist du in der Lage, deine Werkzeuge richtig einzusetzen und sie arbeiten zu lassen. Erst wenn du das Verhalten deines Kunden kombinierst mit deinen richtigen Werkzeugen, bist du auf dem Weg zu einem Topp-Verkäufer.

Ich will dir gerne dazu noch ein Beispiel geben. Sagt ein Interessent zu dir: *„Ich will noch einmal darüber nachdenken"* hören viele Verkäufer die Aussage: „KEIN VERKAUF". Aber ich bin ganz glücklich, wenn ein Interessent mir sagt, dass er noch einmal darüber nachdenken wird. Ich zähle innerlich schon meine Provisionen zusammen, sobald ich diese Aussage höre. Ich verstehe, dass mein Interessent durch diesen Entscheidungsprozess gehen wird (Das Wissen um dass Verhalten meines Interessenten) und ich weiß, was ich an dieser Stelle ganz konkret sagen werde (Das Wissen über Verkaufstechniken).

Kombinierst du diese Verkaufstechniken mit dem Verhalten deines Interessenten, dann geht es um den Verkauf. Reicherst du jetzt dein Gespräch noch mit vielen offenen und tiefergehenden Fragen an, versetzt du deinen Gesprächspartner in eine positive Kaufatmosphäre. Er wird bei dir gerne kaufen.

Fängt ein Profiangler jeden Fisch? Nein. Aber das Wissen um seine Ausstattung kombiniert mit dem Verhalten der Fische führt dazu, dass er immer mehr Fische fängt als der Amateur.

Kapitel #2: Jeder ist im Verkauf – manche wissen es noch nicht

Du hast sicher auch schon davon gehört, dass heute jeder Mitarbeiter im Verkauf ist. Unabhängig von unserem Beruf oder Aktivität, präsentieren wir doch alles unsere Ideen und beeinflussen dadurch andere Menschen. Das kann in einer Rolle als Elternteil sein, als Ehemann oder Ehefrau – du kommst in eine Rolle, wo es um Kommunikation und Beeinflussung geht.

VERKAUFEN ist ein Set von Wissen um zu Kommunizieren und zu beeinflussen. Da gibt es Menschen, die von der Natur her gut verkaufen. VERKAUFEN kann jeder von uns lernen, vorausgesetzt er/sie will es.

Jeder Mensch hat doch mit Kommunikation und Beeinflussung zu tun.

Deswegen ist jeder von uns im Verkauf. Allerdings sehen sich diese Personen nicht als Verkäufer und sie wollen auch nie das VERKAUFEN lernen.

Verkäufer sind anders. Verkäufer – bis auf die, die von sich behaupten sie verfügen über umfangreiches Verkaufswissen und sind nicht bereit, dazuzulernen, Verkäufer nehmen sich die Zeit für die Vorbereitung, des Lernens und perfektionieren das Wissen um Kommunikation und Beeinflussung.

Im Verkauf geht es darum, deinem Gesprächspartner die richtigen und tiefergehenden Fragen zu stellen, um seine Wünsche, Träume, Ängste, seine Dringlichkeit und seine Bedürfnisse zu entdecken. Daraus entstehen seine Kaufmotive.

Und die Kaufmotive eines Technikers sind anders als die des Einkäufers oder des Geschäftsführers. Und deine Aufgabe besteht darin, die unterschiedlichen Motive zu harmonisieren, sie in Einklang zu bringen.

Ich verstehe, dass ein Steuerberater sich niemals als Verkäufer bezeichnen würde – er ist ein Steuerberater. Sobald ein Interessent ihn anruft und mit ihm über seine Dienstleistungen spricht, wird dieser Interessent zu einem Kunden oder er ruft den nächsten Steuerberater an. Nimmt sich der Steuerberater die Zeit, das VERKAUFEN zu lernen mit dem Wissen über Kommunikation und Beeinflussung und mit der richtigen zielorientierten Sprache, dann wird dieser Steuerberater viel mehr Kunden haben und sein Steuerberaterbüro würde mehr Gewinn abwerfen.

Du bist ein professioneller Verkäufer – egal was du verkaufst.

Verkäufer werden mit tausenden von unterschiedlichen Verkaufs-Szenarien konfrontiert. Jeder Verkäufer ist anders und jede Verkaufssituation ist anders, aber immer hängt der Verkauf mit dem Wissen um Kommunikation und Beeinflussung zusammen.

Das Verkaufen von Trauringen an künftige Ehepaare ist anders als wenn ich ein Softwarepaket für € 200.000 an ein großes Unternehmen verkaufe. Oder wenn ich für 8,5 Millionen Euro diverse Computer an eine Bank verkaufe.

- Der Juwelier, der Trauringe an Paare verkauft, sollte wissen, was er konkret sagt, wenn er hört: *„Das sind die schönsten Ringe für uns, aber wir denken noch mal darüber nach."*

- Der Software-Verkäufer sollte wissen, wie Geschäftsführer und IT-Leiter ihre Entscheidungen treffen und warum sie € 200.000 ausgeben sollen für ein Software-Programm.

- Der Verkäufer, der Computer an eine Bank verkauft, sollte Fachwissen über den Ablauf in der Bank haben und sich mit den wirtschaftlichen Zusammenhängen bestens auskennen.

Der Juwelier wird sechs bis zehn Verkäufe am Tag machen. Der Software-Verkäufer wird fünf bis zwölf Programme im Jahr verkaufen. Der Computer-Verkäufer wird als Key-Account möglicherweise nur zwei Abschlüsse im Jahr machen.

Jeder Verkäufer und jede Verkaufssituation ist anders, aber egal wie unterschiedlich der Verkaufsprozess ist, jeder Verkäufer sollte die Grundlagen der Kommunikation und Beeinflussung beherrschen.

Alle Verkäufer setzen ihr Verkaufswissen ein, doch jede Verkaufssituation ist anders. Aber es geht hier nicht nur um die Beherrschung eines Verkaufs-Systems. Hier geht es um die Entdeckung der wahren Kaufmotive.

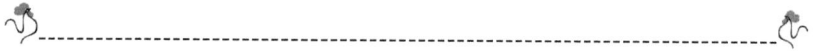

Übertrag das Verkaufswissen aus diesem Buch auf deine Situation.

Es ist klar und deutlich, trotzdem will ich es erneut sagen. Jeder Part in diesem Buch solltest du anpassen auf deine persönliche Situation. Einige Ideen und Techniken sind perfekt für deine Situation, während andere für dich weniger überzeugend sind. Also, einige passen perfekt und andere weniger. Setze reichlich „Gehirnschmalz" ein übertrage die bestimmten Komponenten. Ich habe viele Komponenten angeführt – es liegt an dir, was du für dich alles aktiv umsetzen wirst.

Wenn du im Verkauf bist, bist du lebenslang ein Student – du lernst mit jedem deiner Gespräche und Aktionen dazu. Verkäufer zu sein, ist ein lebenslanger Lernprozess. Betrachte das VERKAUFEN als eine Berufung, nicht nur als ein Job. Eine Berufung ist ein Prozess, der niemals enden wird.

Der Schlüssel zur Veränderung deines Verkaufswissens liegt darin, dass du damit startest, einzelne Punkte sukzessive umzusetzen. Das bietet dir den großen Vorteil herauszufinden, wie angenehm das jetzt für dich sein wird. Offen sein für Veränderungen, das Ausprobieren neuer Ideen und langfristig.

Deine Gesprächspartner werden vergessen, was du gesagt hast.

Deine Gesprächspartner werden vergessen, was du getan hast.

Deine Gesprächspartner werden niemals vergessen, welche *guten Gefühle* sie im Gespräch mit dir hatten.

Kapitel #3: Die acht Stufen des Verkaufsprozesses

Hast du schon mal einen Bundesliga-Torwart kurz vor dem Spiel beobachtet? Wenn er seinen Torraum abschreitet? Er tritt mit seinen Stollen gegen den Pfosten und schreitet zum nächsten Pfosten und berührt dabei die Torlatte. Er checkt die Größe seines Tores – klar, alle Tore sind gleich groß. Und doch wird dieser Bereich vor jedem Spiel abgecheckt. Zum Schluss kommen noch die Handschuhe dran – wie perfekt sitzen sie?

Erst danach ist der Torwart fit für das Spiel. Er kennt die Situation – er ist vorbereitet. Und so geht es auch vielen Verkäufern – jeder von ihnen hat seine eigene „Bühne". Das ist der Moment für den Verkäufer, sobald er im Gespräch ist mit einem Interessenten – er hat seine „Bühne", bestens vorbereitet auf alle möglichen Situationen.

Da gibt es den Verkäufer, der pro Tag 10 bis 15 mal auf einer solchen Bühne steht. Oder der 100 Telefonate führt, um zwanzig WERThaltige Termine zu setzen. Oder der Monate benötigt, um das „große Meeting" vorzubereiten.

Alles was weniger als 100% Vorbereitung betrifft, wird sich negativ für dich auswirken.

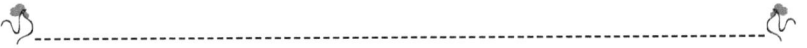

Hier kommen die acht Stufen des Verkaufsprozesses:

Stufe #1: Meine JA!-Einstellung zum Verkaufen

Stufe #2: Potential und Akquisition

Stufe #3: Bedarfsanalyse

Stufe #4: Vorteil-/NUTZENargumentation

Stufe #5: Einwand-Strategie

Stufe #6: Der Abschluss

Stufe #7: Zusatzverkauf

Stufe #8: Referenzen und Empfehlungen

Stufe #1: Meine JA!-Einstellung zum Verkaufen

Jeder von uns hat doch das Ziel, im Leben glücklicher und zufriedener zu sein, mehr zu erreichen, erfolgreicher zu sein.

Und die Basis für alle diese Punkte ist doch die Einstellung – die positive Einstellung - deine positive JA!-Einstellung.

Jeder von uns – auch du – weiß das natürlich. Aber die meisten Menschen kennen ihre positive Einstellung immer noch nicht.

- Die meisten Menschen konzentrieren sich nicht auf ihre Einstellung.

- Die meisten Menschen trainieren nicht ihre Einstellung.

- Die meisten Menschen praktizieren keine Einstellung.

- Die meisten Menschen leben nicht nach den Prinzipien der Einstellung.

- Die meisten Menschen haben noch nie ein Buch über Einstellung gelesen.

Gehörst du auch dazu?

Ich bin überzeugt davon, dass ich bereits mit einer positiven JA!-Einstellung auf die Welt gekommen bin. Ich glaube, dass das auch bei dir der Fall gewesen ist. Ich habe fast fünfundzwanzig Jahre gebraucht, um meine Einstellung zu entdecken. Ich würde mich wundern, wenn du deine Einstellung schon entdeckt hast.

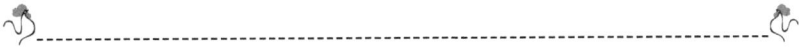

Hier gebe ich dir eine Redewendung mit, die du sicher schon mal gehört hast: *„Einstellung ist alles!"*

Lass mich diese Redewendung - speziell für dich - weiter analysieren. Deine Einstellung kontrolliert, regelt, beeinträchtigt und bestimmt deine Karriere, deine Familie, dein persönliches Leben und dich. Sie bestimmt deine Beziehungen, deinen geschäftlichen Erfolg und deine Gesundheit.

Was ist nun der Unterschied zwischen einer „positiven Einstellung" und einer „Ja-Einstellung"? Geschieht etwas außergewöhnliches, dann rufst du ja nicht: *„Positiv!"* sondern du rufst mit Begeisterung: *„JA!"*

Das ist wichtig und zusätzlich besonders aussagekräftig, wenn du diesen Unterschied erkennst.

Welche Sprache sprichst du? Nein, ich meine nicht Englisch, Französisch oder Russisch. Ich meine eine positive oder negative Sprache. Die Sprache deiner Einstellung.

Irgendwann habe ich zuletzt am Fenster gestanden und den Regen draußen beobachtet. *„Heute wird wieder ein schlechter Tag,"* sagte ich zu meinem Partner. *„Ich glaube nicht,"* sagte er in einem moderaten Tonfall (er kam aus Hamburg...). Er gehört zu den Leuten, die mehr über den Tag nachdenken und weniger über das Wetter.

Es sind deine Worte, die dazu beitragen, wie positiv oder negativ dein Tag heute wird. Ein schlechter Tag startet damit, wie du über den Tag denkst und sprichst. Es geht besteht nicht um das Wetter draußen. Es geht um das Wetter innen drin – in dir und deinen Gedanken.

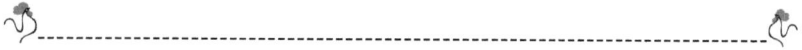

- *Wie ist das Wetter wo du lebst?*
- *Wie ist das Wetter wo du arbeitest?*
- *Wie ist das Wetter wo du deine Freizeit verbringst?*
- *Wie ist das Wetter wo du nachdenkst?*

Die positive Einstellung wird ja auch gerne definiert als „*So wie du mit Leib und Seele dabei bist, bestimmt deine Art zu denken*".

Denke immer „JA!"

Positiv denken ist eine Selbst-Disziplin. Eine tägliche Selbst-Disziplin. Du kontrollierst das. Du tust das. Oder tust es nicht.

Positive Aktivitäten kannst du nur durchführen, wenn du positive Gedanken hast. Sobald du negativ denkst, wirst du negativ sein und du wirst negative Aktivitäten starten.

Positive Gedanken bringen positive Gefühle.
Positive Gefühle bringen positives Handeln.

Es gibt viele Definitionen und Betrachtungen von Einstellung. Bücher wie zum Beispiel *„Wie man Freunde gewinnt: Die Kunst, beliebt und einflussreich zu werden"* von Dale Carnegie oder *„Denke nach und werde reich. Die Erfolgsgesetze"* von Napoleon Hill beinhalten Strategien, Philosophien und Geschichten von Frauen und Männern, die ihr Leben mit einer neuen positiven Einstellung verändert haben.

Du solltest dir diese Bücher zulegen und täglich 15 Minuten in ihnen lesen.

Einstellung ist wichtiger als Verkaufen.

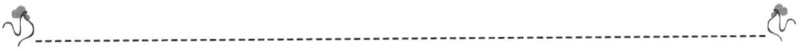

Es ist wichtiger, weil

- Deine Einstellung den Verkauf aktiv starten lässt und die Beziehung zu deinen Kunden und Interessenten immer intensiver und partnerschaftlicher wird;
- Deine Einstellung das Heilmittel gegen die permanente Ablehnung ist;
- Deine Einstellung deine Persönlichkeit reifen lässt und deine Kunden-Präsentationen von einer Begeisterung getragen werden.

Übernimm das Leitmotiv von Aurelius Augustinus (354 bis 425 Kirchenlehrer und Rhetoriker in Rom):

„In dir muss brennen,
was du in anderen entzünden willst."

Dann fühlen sich deine Kunden und Interessenten großartig und damit hast du sie in eine Kaufatmosphäre versetzt. So einfach ist das.

Für den ersten Eindruck – gibt es eine zweite Chance?

Viele Verkaufsgespräche scheitern bereits zu Beginn. Die ersten Worte sind noch nicht gewechselt und schon merken wir, dass wir in diesem Gespräch die verkehrte Karte gezogen haben.

Die Ursache: Die Chemie ist nicht stimmig! Andererseits gibt es Situationen, da wissen wir genau, dass in diesem Gespräch viel laufen wird.

Wohlgemerkt: bevor das Gespräch begonnen hat.

Neueste Untersuchungen besagen, dass wir innerhalb von 20 Millisekunden bis 20 Sekunden den Gesprächspartner abgecheckt haben. In dieser Zeit laufen im Unterbewusstsein gewaltige und unvorstellbare Meinungsbildungsprozesse ab. Innerhalb von Millisekunden werden gewaltige Datenmengen verarbeitet – kein Computer könnte schneller sein als unser Unterbewusstsein. Denn dies ist unser Datenspeicher – ohne Begrenzung und nur zu wenigen Prozenten ausgelastet.

Jede Kommunikation läuft auf zwei Ebenen ab:

- Die Sachebene/Inhaltsebene und
- Die Beziehungsebene.

Das, was wir mitteilen, teilen wir mit der Sprache, Stimme, Wortwahl, Tonfall und mit dem Körper mit. Mit den gesprochenen Worten zielen wir auf die Inhaltsebene. Wir sprechen den rationalen Bereich unseres Gesprächspartners an.

Den weitaus größeren Bereich, der die Entscheidungsfindung zu etwa 90 % beeinflusst, den emotionalen Sektor, sprechen wir auf der Beziehungsebene mit unseren nonverbalen Botschaften an. Also: mit unserer Körpersprache!
Unbewusst stellen wir unseren jeweiligen Zustand durch unsere Körpersprache dar.

Sammy Molcho sagt: *„In der Körpersprache spiegelt sich der Zustand der Seele wieder!"* Wenn wir etwas nicht glauben, ziehen wir unmerklich die Augenbrauen hoch. Wenn wir nicht weiter wissen, reiben wir uns mit dem Finger an der Nase. Wenn wir unsicher sind, haben wir keinen Blickkontakt.

Unsere Botschaft wird von unserm Gesprächspartner auf Kongruenz (= Deckungsgleichheit) geprüft. Das bedeutet, er beobachtet, ob unsere Aussage mit unserer Körpersprache übereinstimmt. Stellt unser Kommunikationspartner Unstimmigkeiten fest zwischen der verbalen und der nonverbalen Botschaft, orientiert er sich intuitiv nach der Aussage unserer nonverbalen Botschaft. Die Körpersprache lügt wirklich selten.

Als Verkäufer müssen wir streng darauf achten, unsere körperliche Präsenz bewusst zu kontrollieren. Dies ist entscheidend bei der Bildung des ersten Eindrucks in der Phase der Begrüßung.

Entscheidende Anmerkung: Deine gerade und aufrechte Körperhaltung signalisiert Selbstbewusstsein. Du strahlst Erfolg und Zuversicht aus – nichts anderes will dein Gesprächspartner sehen. Trantüten und Quasselstrippen hat er den ganzen Tag um sich rum!
Falls du einmal doch nicht so gut drauf sein solltest, hast du trotzdem nicht das Recht, deine trübe Stimmung für andere sichtbar zu machen. Tu so, als ginge es dir gut – und es wird dir ausgezeichnet gehen.

„Die Menschen kaufen dich" – 5 Tipps für den ersten Eindruck

1. Lächeln

Ein vorn Herzen kommendes Lächeln ist die beste und einfachste Art, einen ersten guten Eindruck zu hinterlassen. Wir Menschen fühlen uns gerne zu Menschen hingezogen, die lächeln. Achten Sie auf Ihren Gesichtsausdruck und legen Sie ein Lächeln in Ihr Gesicht.

2. Freundlichkeit

Menschen, die unfreundlich, grob und frech sind, sind uns unsympathisch. Gerade im Geschäftsleben ist ein freundlicher Umgangston immer angebracht. Verzichte auf die Höflichkeit, Freundlichkeit ist okay. Höflichkeit bringt eine devote Haltung – in der Körpersprache und in den Worten.

3. Konzentration

In der heutigen Arbeitswelt kann es schon passieren, dass Sie manchmal abgelenkt werden. Egal wo Sie gerade sind, konzentrieren Sie sich auf diesen Augenblick. Dies ist ein maßgeblicher Hinweis für den ersten Eindruck. Sie sollten Ihr Selbstbewusstsein so konditionieren, dass alles ausgeblendet wird und Sie sich nur auf Ihren Gesprächspartner konzentrieren.

4. Begeisterung

Begeisterung für Ihre Produkte und Ihre Dienstleistungen, die Ihr Unternehmen verkauft. Begeisterung ist übertragbar und ansteckend. Ihre Begeisterung wird gesteuert durch Ihre positive Einstellung und Ihren Glauben. So bauen Sie langfristig eine persönliche Beziehung auf und legen sich eine Gewinner-Strategie zu.

Achten Sie darauf, mit Ihrer Begeisterung nicht zu übertreiben. Extreme schlagen schnell ins Gegenteil um („die besten Produkte", „Europas bester Verkaufstrainer", „die schnellste Abwicklung" etc.).

5. Vertrauen
Geschwätzige Verkäufer werden zurückgedrängt. Arrogante Verkäufer werden abgelehnt. Vertrauensvolle Menschen sind attraktiv. Vertrauen wird gesteuert durch Wahrheit, Selbstbewusstsein, Produktwissen, Einstellung, Körpersprache (Mimik und Gestik), Kleidung, Gesundheit und mentale Einstellung. Die Intensität Ihres Vertrauens wird gesteuert durch Ihren Willen und Ihre Selbstdisziplin.

Die gute Nachricht: Der erste Eindruck wird gesteuert durch die Punkte, die Sie unter Ihrer Kontrolle haben. Es gibt keine zweite Chance für den ersten Eindruck. Mit dem ersten guten, positiven Eindruck legen Sie die Basis für eine langfristige und profitable Zusammenarbeit.

Du hast schon als Kind gut verkauft

Wie viele „*Nein*" benötigst du, bis du im Verkauf aufgibst? Erinnerst du dich noch an die Zeit, als du sieben Jahre alt warst und du deine Mama beim Einkaufen begleitet hast? Welche Frage hast du immer an der Kasse gestellt?

Ich habe sie für dich aufgeschrieben: *„Mama, kann ich diese Bonbons haben?"* Das war eine geschlossene Frage.

Die Antwort deiner Mutter: *„Nein."*

Du - schon als kreativer Verkaufsexperte - hast ihr „*Nein*" einfach ignoriert und wieder gefragt: „*Mama bitte, kann ich diese Bonbons haben?*"

Deine Mutter war ein wenig pikiert, da sie ja mit dir in der Schlange vor der Kasse stand und sie sagte mit einem bestimmenden Tonfall zu dir: „*Ich habe NEIN gesagt.*"

Das war jetzt das zweite „Nein" deiner Mutter und du: „*Oh Mama, komm, BITTE!*"

Jetzt sagte deine Mama mit entsprechendem Nachdruck: „*Absolut NEIN!*" (vielleicht wiederholt sie das Nein auch noch buchstabiert: N-E-I-N). Jetzt war das dritte „Nein" ausgesprochen.

Zeit, darüber nachzudenken, warum so viele „Nein" kommen. Lass uns herausfinden, was der wahre Grund der Ablehnung (Einwand) ist.

„*Warum kriege ich denn keine Bonbons, Mama?*" Nach den drei geschlossenen Fragen brachtest du nun die erste offene Frage ins Gespräch.

Verdammt, wo hast du das als Siebenjähriger schon so früh gelernt?

„*Weil wir gleich erst zu Mittag essen,*" sagte deine Mutter.

Jetzt war deine große Chance gekommen. Mit der richtigen Beantwortung dieses Einwandes (der vierte!) wusstest du, dass gleich die Bonbons in der Einkaufstasche deine Mutter landen würden.

„*Nein, mache ich doch gar nicht Mama, ich will doch nur eins nach dem Mittagessen lutschen,*" hast du etwas mitfühlend geantwortet.

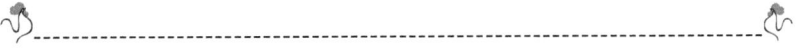

„Ich weiß nicht," sagte sie jetzt mit dem fünften „Nein."

„BITTE Mama," und du brachtest das mit einer Mixtur von mitleidigem Gesang mit weinerlicher Stimme.

„OKAY," sagt deine Mama, *„denk daran, erst nach dem Essen gibt es etwas Süßes."* Und den letzten Teil sagte sie mehr zu dem Kassierer als zu dir (der Kassierer grinste die ganze Zeit).

HURRA – GEWONNEN! Nach fünf *„Nein"* hast du dein Ziel erreicht. Dabei bist du doch vorbereitet, auch mit 10 „NEIN" umzugehen. Denk nochmal eine Sekunde darüber nach. Als du sieben Jahre alt warst, hast du dich in der Öffentlichkeit peinlich verhalten, hast verbale Beleidigungen akzeptiert und vielleicht hast du auch noch einen kleinen Klapps auf die Finger bekommen mit der barschen Aufforderung, die Süßigkeiten wieder ins Regal zu legen.

In der Zeit zwischen dem Windeltragen und deiner ersten Visitenkarte hast du wahrscheinlich vergessen, wie hartnäckig du bereits im Verkauf gewesen bist.

Denk darüber nach, wie du damals mit den Einwänden umgegangen bist. Entspann dich, lehn ich zurück und relax (oder chille wie es neudeutsch heißt).

Die Süßigkeiten an der Supermarkt-Kasse, dein erstes Date (der Zettel mit *„Willst du mit mir gehen: ja – nein- vielleicht"),* das Betteln um den Autoschlüssel, beim Verteilen der Süßigkeiten ganz vorne dabei zu sein, die vielen Körbe in der Tanzstunde – alles Verkaufs-Aktivitäten.

Es gab reichlich „Nein" und viele Einwände. Hast du dich davon abhalten lassen? Bist du zurückgerudert und hast dich in dein Schneckenhaus zurückgezogen? Welches Risiko bist du eingegangen? Welche Gegenwehr hattest du in Betracht gezogen? Hattest du eventuell doch noch den Abschluss gemacht?

Ich garantiere dir, dass du als Kind eine Abschlussquote von über 90% hattest.

Wie viel Geld würdest du bekommen, wenn deine Quote heute so hoch liegen würde? Vergiss die Süßwaren an der Kasse. Mit einer Abschlussquote von 90% könntest du den ganzen Laden, den gesamten Konzern übernehmen.

Im Durchschnitt benötigst du sieben Nein, einige Einwände, Kontakte, Vorwände und Gespräche, um den Auftrag zu bekommen.

Was ist das große Geheimnis, um nach sieben „Nein" noch den Auftrag zu bekommen? **Beharrlichkeit.**

Die Geschichte von den zwei Schuhverkäufern und ihre Einstellung

Ein Schuhhersteller beschäftigt mehrere Verkäufer. Das Unternehmen will expandieren und dazu schickt es zwei Verkäufer nach Afrika, um dort das Marktpotential zu analysieren.

Nach drei Tagen kabelt der erste zurück an die Zentrale: „Chef, die laufen alle hier barfuß rum – hier gibt es keine Geschäfte für uns!"

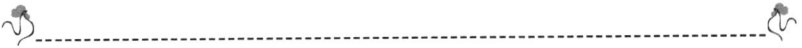

Der Chef überlegt, welche Märkte er als Alternative angehen soll, damit seine Fabrikation ausgelastet und seine Mitarbeiter beschäftigt sind. Er beschließt solange zu warten, bis der zweite Verkäufer seine Informationen absetzt.

Drei Tage später kabelt der andere Verkäufer zurück: *„Chef, sofort die Produktion hochfahren. Hier ist ein unglaubliches Potenzial, die laufen alle hier noch barfuß rum!"*

An diesem Beispiel erkennst du, wie wichtig die innere JA!-Einstellung ist.

Wie du deine innere Einstellung positiv beeinflussen kannst

Der amerikanische Motivationstrainer Earl Nightingale hat es so formuliert:

„Sie werden das, was Sie die ganze Zeit denken!"

Lass es mich auf den Punkt bringen: *Es sind deine Gedanken hinter deinen Worten, die deine Einstellung prägen.*

Eine **positive innere Haltung** ist für deinen verkäuferischen Erfolg unerlässlich, dein Kunde nimmt sie - ob bewusst oder unbewusst - wahr. Doch wie kannst du deine **Einstellung positiv beeinflussen? Nur durch positives Denken?**

Hier gebe ich dir acht Tipps über positives Denken:

#1: Nimm dir morgens 10 Minuten Zeit und denk über die positiven Dinge in deinem Leben nach, z.B. über deine verkäuferischen Erfolge oder gemeisterte Herausforderungen, und freu dich darüber. Du wirst danach mit einer positiven Grundhaltung in den Tag starten. Deine Notizen in einem Erfolgstagebuch sind dabei eine wertvolle Unterstützung. Es rückt deine Erfolge noch mehr ins Bewusstsein und steht dir bei Bedarf als persönliches Nachschlagewerk zur Verfügung.

In der Regel erfüllen wir doch unsere eigenen Erwartungen. Geh in dein Verkaufsgespräch mit der Erwartung und der Überzeugung, dein klar definiertes Ziel zu erreichen und blende alle Zweifel und Befürchtungen aus.

Denn: **Zielklarheit macht 80 % des Erfolges aus (Bryan Tracy).**

#2: Apropos Klarheit! Gerade hier ist das Aufschreiben erwiesenermaßen eine große Unterstützung sein. Ich persönlich favorisiere das Prinzip der „*Einkaufsliste*". Kurz, knapp, knackig formulierte Ziele, priorisiert aufgelistet. So schaffe ich Klarheit für mich und meine Ziele.

#3: Zieldefinition. Sind deine Ziele nur in deinem Kopf, so tauchen sie irgendwann auf und verschwinden wieder. Hast du deine Ziele schriftlich notiert, so erinnern sie dich täglich daran, was du noch alles zu erledigen hast. So hängt zum Beispiel am Rahmen meiner Bürotür ein Maßband mit 80 cm. Diese 80 Zentimeter stehen für 80 Trainingstage im Jahr. Nach jedem Trainingstag wird ein Zentimeter abgeschnitten und ich weiß exakt, wo ich stehe und was ich noch im verbleibenden Zeitraum *„zu tun"* habe.

#4: Werde lösungsorientiert. Anstatt sich in seinen Problemen zu wälzen, warum investierst du nicht die gleiche Zeit auf die Erarbeitung von Lösungen? Meine lösungsorientierte Einstellung hat mir mehr gebracht und stärker zu meinem Erfolg beigetragenes jede Strategie. Wenn du dich zu sehr auf das Problem konzentrierst, werden die Chancen an dir vorbeiziehen.

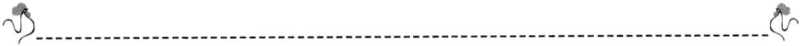

Wer ständig darüber redet, was alles nicht geht, bekommt am Ende genau das, worüber er ständig redet: nämlich NICHTS.

#5: Denk nach, bevor du sprichst. Wir neigen dazu, zu sprechen ohne vorher nachgedacht zu haben. Hinterher bedauern wir, was wir gesagt haben. Jedes mal, wenn du etwas sagen willst, denk bitte kurz darüber nach, was du konkret sagen willst. Wie werden deine Worte ankommen? Und was kannst du stattdessen sagen, was eine positive Wirkung haben könnte? Das Ziel ist eine positive Reaktion beziehungsweise ein positives Erlebnis. Die Handlung an sich ist einfach, sie erfordert allerdings bei dir größere Selbstdisziplin.

#6: Arbeite jeden Tag an deinen Kompetenzen. Bücher, CDs, Seminare und Trainings. Gerade als Vertriebler kannst du nie genug Bücher lesen. Und wenn dir die Zeit dazu fehlen sollte, dann kannst du auf deinem Weg zum Interessenten/Kunden meinen Podcast to go hören. Ich fordere dich auf, jeden Tag eine Stunde für deine Weiterbildung zu investieren. Eine Stunde am Tag, sieben Tage die Woche, ein ganzes Jahr sind mehr als neun Arbeitswochen. Wenn du das nächste Mal den Fernseher anstellst, denk darüber nach, was du tun könntest, um dein Wissen kontinuierlich zu erweitern.

#7: Ein rücksichtsloser Autofahrer, ein Stau oder eine unangenehme Nachricht - und schon ist er da: **der Ärger**! Welche gute Anti-Ärger-Strategie hast du? **Stopp!** Schrei laut und deutlich: **Stopp**! Das wird gerade vor einem Termin schnelle Abhilfe schaffen und dich zu einem entspannten und erfolgreichen Verkaufsgespräch führen - mit positivem Denken.

#8: Sind die Umstände für deine Situation verantwortlich? Es ist weder der Regen noch dein Auto oder das Smartphone oder das Produkt oder dein Interessent/Kunde. Es bist DU. Du hast die Wahl bei allem, was du tust. Entscheide dich für einen besseren Weg. Schieb nicht die Schuld auf den Weg. Verändere ihn. Schieb nicht die Schuld auf die Situation. Verändere sie.

Du fragst dich, wo du den Schuldigen findest? Ganz einfach: schau in den Spiegel.

15 Punkte, wie du durch eine bessere Körpersprache mehr Vertriebserfolge erzielst

Dein Körper verrät, was deine Worte verschweigen!

Du bist immer am kommunizieren – gerade wenn du in Gegenwart eines Kunden/Interessenten bist. Untersuchungen besagen, dass deine Körpersprache einen Anteil von 55 Prozent an deiner Wirkung hat. Worte machen lediglich 7 Prozent aus und deine Stimme hat einen Anteil von 38 Prozent. Jetzt überleg dir die Bedeutung deiner Körpersprache in Anwesenheit deines Kunden – worauf achtet er?

Gestik, Augen, Augenbrauen, Gesichtsausdruck, Berührungen, Körperpflege, Kleidung, Bewegung, Körperhaltung, Atmung und der von dir beanspruchte Platz. Hier gebe ich dir einige Tipps, was du darfst und was du vermeiden solltest, damit deine Körpersprache für dich spricht und nicht gegen dich.

Kunden und Käufer fühlen sich immer wohl dabei, wenn der Kommunikationsstil bei beiden annähernd identisch ist.

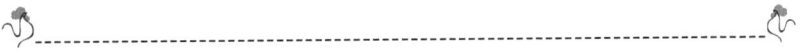

#1. Augenkontakt

Schau in die Augen des Kunden ohne zu starren oder zu schielen, sobald er mit dir und du mit ihm sprichst. Viele Kunden werten es als Mangel von Glaubwürdigkeit, Zuverlässigkeit, Seriosität und Sicherheit, wenn der Blickkontakt fehlt.

#2. Zeigefinger

Mit dem Finger auf Gegenstände zeigen ist okay – auf Menschen zu zeigen ist kontrollierend, verurteilend und eine erniedrigende Geste. Sei dir darüber im Klaren: sobald du auf einen Menschen zeigst, zeigen drei Finger auf dich – es steht 3:1. Dir obliegt der erste Schritt.

#3. Achte auf deine Schuhe

Sobald dein Kunde deine abgetragenen Schuhe bemerkt hat wird er darüber nachdenken, wie er dir Vertrauen entgegen bringen soll. Werden deine Produkte und Dienstleistungen das versprechen, was du sagst? Mag deine Kleidung insgesamt gut sein, deine Schuhe sprechen eine besondere Sprache.

#4. Dein Körpergeruch

Bevor du den nächsten Kundentermin wahrnimmst, lass dir Feedback geben über deinen Körper - oder über deinen Mundgeruch. Hier kommt die ideale Frage an einen Kollegen/Kollegin um Feedback zu erhalten: „Wenn ich etwas mit minimalstem Aufwand tun könnte um die Belästigung durch meinen Mund- oder Körpergeruch gegenüber anderen zu vermeiden – was empfiehlst du mir?"

#5. Berühre Gegenstände nur mit Erlaubnis
Berühr Gegenstände im Büro deines Kunden nur mit seinem Einverständnis. Manche Menschen reagieren sehr empfindlich, wenn du ihr Eigentum anfasst. Wenn du Gegenstände berührst oder auch in die Hand nimmst und begutachtest, stell sie wieder genau an den Platz hin, auf dem sie standen. Falls irgendetwas zu Bruch geht, ersetze es innerhalb von 24 Stunden.

#6. Setz dich direkt neben deinem Gesprächspartner – nicht gegenüber
Ideale Geschäfte machst du nur, wenn du mit deinem Kunden Seite an Seite sitzt. Gegenüber zu sitzen kann verhärtete Fronten geben.

#7. Zum Handschlag bereit sein
Wie kräftig ist dein Händedruck? Wie entschlossen greifst du zu? Bist du der Knochenbrecher? Wie viel mal schüttelst du die Hand? Wenn ich dir meine Hand gebe, habe ich dann das Gefühl, dass ich in einen Topf mit Margarine greife? Wenn du mir die Hand zur Begrüßung reichst – schaust du mir dabei in die Augen?

#8. Spiegelst du die Körperposition wider
Beide Gesprächspartner sollten auf dem gleichen Höhen-Level sein: entweder stehen oder sitzen. Wenn beide sitzen, in welcher Position sitzt dein Kunde? Hat er die Arme vor der Brust verschränkt oder hat er sie auf dem Schreibtisch liegen? Hat er die Hände gefaltet (Stoßgebet zum Himmel: *„Wann geht der endlich?"*) oder in der Hosen- oder Jackentasche? Liegt ein Bein über dem anderen? Sieh zu, dass du dich in ähnlicher Position befindest - das heißt dann kongruent (= deckungsgleich). Das erleichtert die gesamte Kommunikation.

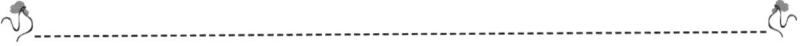

#9. Spiegelst du die Körperhaltung wider
Ist dein Kunde entspannt oder angespannt? Aufrecht oder verkrümmt? Nach vorne gelehnt oder nach hinten desinteressiert? Mach es so wie er – nicht das Gegenteil von dem, wie er es macht.

#10. Halte Blickkontakt
Wenn dein Kunde spricht oder du sprichst, dann bitte direkt Blickkontakt halten. Falls ihr zu dritt im Raum seid, wird möglicherweise die dritte Person sprechen. Auch in diesem Fall Blickkontakt zum Sprecher halten und gegebenenfalls wieder Blickkontakt mit deinem Kunden aufnehmen.

#11. Spiegel Gesichtsausdrücke wider
Beantworte ein Lächeln mit einem Lächeln. Beantworte einen neutralen Gesichtsausdruck mit einem neutralen Ausdruck. Solltest du die Stirn runzeln, wenn es dein Kunde es macht? Ja, wenn die Partie angemessen ist und es keine herablassende oder bewertende Botschaft ist.

#12. Spiegel die Handgesten wider
Benutzt dein Kunde seine Hand sehr oft im Gespräch? Unterstützt er bestimmte Aussagen durch Aufzählungen mit seinen Fingern? Legt der Kunde seine Hände ineinander? Gibt es weitere Handbewegungen zum spiegeln? Der überwiegende Teil deiner Körpersprache nimmt dein Kunde unbewusst wahr – es läuft alles über das Unterbewusstsein und wird dort verankert. Deswegen ist es wichtig, diese Aktivitäten zu spiegeln.

#13. Spiegel keine nervösen Gesten wider
Möglicherweise ist der Kunde nervöser als du. Zieht er häufig an seinem Ohrläppchen? Fummelt er an den Fingernägeln rum? Streckt er den Kopf oder das Kinn vor? Oder kräuselt er die Lippen? Alle diese Gesten sind überflüssig und unnormal, deswegen die Bitte an dich, diese Gesten zu unterlassen.

14. Spiegel nur die Körpersprache wider, bei der du dich wohl fühlst

Jedes Mal wenn du dich beim Spiegeln unwohl fühlst, wird das vom Kunden interpretiert. Beweg dich innerhalb deiner Komfortzone. Dein ausgeprägter Feinsinn und deine Natürlichkeit sind die Schlüssel zu dieser erfolgreichen Partie.

15. Verändere deine Körperhaltung bei bestimmten Aussagen

Es wird Situationen geben, da wirst du eine andere Körperhaltung einnehmen als dein Kunde. Das tritt ein, wenn er negativ über dein Unternehmen, deine Produkte und Dienstleistungen spricht. Dann bitte kein bejahendes Kopfnicken – da werden die Augenbrauen nach oben gezogen, der Oberkörper kommt nach vorne und dann wird professionell argumentiert. Vielleicht stehst du auch auf, um am Flipchart die neuesten Entwicklungen bildhaft darzustellen – du behältst jetzt das Heft in deiner Hand.

Denk immer an die Kernbotschaft von Samy Molcho, Professor:
„*In der Körpersprache spiegelt sich der Zustand deiner Seele wieder!*"

Stufe #2: Potential und Akquisition

Dein Potential

Was ist dein Potential? Dein Potential könnte zum Beispiel sein:

- Dein Boss gibt dir eine Papierliste mit Namen, die du zur nächsten Messe einladen sollst.

- Dein Boss schaltet dir eine Datei auf dem PC frei – deine Aufgabe: Termine mit dem Entscheider zu vereinbaren.

- Dein Boss schaltet dir eine Datei auf dem PC frei – deine Aufgabe: herauszufinden wie der Werksleiter/Sicherheitsbeauftragte/ Einkäufer/Inhaber etc. heißt.

- Dein Boss schaltet dir eine Datei auf dem PC frei – deine Aufgabe: bestehende Angebote in Aufträge zu wandeln.

Du siehst, auf dich warten unterschiedlich Aufgaben. Es geht um das Potential. Und dieses Potential wandert in einen Verkaufstrichter. Aus diesem Verkaufstrichter kommen (wenn alles gut läuft) irgendwann die Kunden heraus. Solange jemand noch nichts bestellt bzw. gekauft hat, sprechen wir von einem Interessenten. Wir brauchen oben nur genügend Interessenten einfüllen, so werden genügend Kunden aus dem Verkaufstrichter fallen. Ach, wenn das so einfach wäre!

Anspruchsvoll wird diese Aufgabe, da es genügend andere Unternehmen gibt, die an deinen Interessenten und an deinen Kunden ebenfalls etwas verkaufen wollen. Das nennt sich Marktbegleiter, Mitbewerber oder auch Konkurrent.

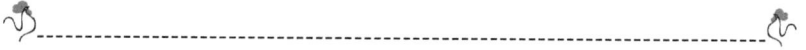

Und während du dieses Buch liest, sitzt bestimmt einer der Konkurrenten bei deinem wichtigsten und größten Unternehmen und erzählt, dass seine Produkte doch viel besser und billiger sind als deine.

Deswegen gibt es im Verkauf nur einen Gewinner. Machst du den zweiten Platz, so bekommst du keine Silbermedaille wie bei der Olympiade oder Weltmeisterschaft – du bist der Verlierer.

Was kann nun dein Potential alles sein?

- Eine bestimmte Region sortiert nach Postleitzahl oder Region,

- Eine Auflistung bestimmter Unternehmens-Namen,

- Eine Auflistung der Unternehmen, die über eine bestimmte Mitarbeiteranzahl verfügen (z.B. mehr als 2.000 Mitarbeiter),

- Eine Auflistung einer ganz bestimmten Branche in einer Region.

Potential ist aber nicht alles. Wenn es um Potential geht, kommen auch die Begriffe Bedarf und Bedürfnis hinzu. In dem Zusammenhang solltest du dir die folgenden Fragen stellen:

- *„Was könnte der Interessent alles bei mir kaufen?"*

- *„Wie viel Umsatz könnte er mit dir machen, wenn ich sein Hauptlieferant wäre?"*

Deine Aufgabe besteht auch darin, einige Kennzahlen herauszufinden, die dir auf einen Blick verraten, welches konkrete Potential dein Interessent hat.

Kommen wir jetzt zum nächsten Punkt: Akquisition

Wofür steht das Wort „Akquirieren"? Es kommt aus dem lateinischen (wie so viele Wörter) und steht für acquirere. Der Duden schreibt u.a. dazu: Kunden werben oder auch Aufträge akquirieren.

Neue Kunden kannst du wie folgt akquirieren:

#1: Mailing per Brief, ein Telefax oder eine Karte oder per E-Mail

Mailings sind auch heute noch eine weit verbreitete Form der Akquisition, da diese Vorgehensweise rechtssicher ist. Einen Brief darfst du an jeden senden – die Frage ist, wie erfolgreich ein solches Medium in der heutigen Zeit ist. Rücklaufquoten von 1 oder 2% gelten schon als erfolgreich.

Eine E-Mail darfst du nur an Unternehmen senden, mit denen du in Kontakt stehst – alles andere ist verboten und kann geahndet werden. Um dieses Vorgehen rechtlich abzusichern, gibt es in Deutschland das Double-Opt-in-Verfahren. Auf der Homepage bietet dein Unternehmen ein Gratis-E-Book an und mit Bestätigung der E-Mail-Adresse darfst du anschließend einen E-Mail-Verteiler aufbauen. So geht mein *sales vitamins – frische Vitamine für besseres Verkaufen* jeden Dienstagmorgen an fast 5.000 Empfänger. Du bist doch sicher immer wieder an neuen Tipps und Empfehlungen aus dem Vertrieb interessiert? Dann geh jetzt auf die Seite www.wernerhahn.de und bestell dir dein Gratis-E-Book.

#2: Telefonakquise oder Telefonmarketing

Eine gängige Form der Kundenakquise ist das Telefon. Die Frage stellst sich: *„Was ist dein Ziel?"* Willst du nur wissen, wie die entsprechend Person heißt? Oder willst du einen Termin vereinbaren? Oder willst du zu einer Messe/Hausmesse einladen?

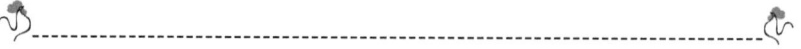

In dem Zusammenhang hast du sicher schon mal das Wort „Kaltakquise" oder „Kaltakquisition" gehört? Bei dem Begriff laufen selbst gestandenen Verkäufern die Schweißperlen auf die Stirn. Warum? Weil die wenigsten Verkäufer gelernt haben, was sie und wie sie eine Kaltakquise durchführen. Von Kaltakquise wird gesprochen, wenn es bisher noch keinen Kontakt gegeben hat – weder durch ein Messegespräch oder einer anderen Veranstaltung.

Kaltakquise hat allerdings nicht mit „Hardselling" zu tun. Das setze ich immer gleich mit „Drückermethoden", das bedeutet, dass dein Gesprächspartner eher aus Unsicherheit bei dir kauft als aus Überzeugung. Beachte bitte das Gesetz gegen den unlauteren Wettbewerb (UWG, §7 Abs.2 und 3).

Stell dir vor, du rufst jetzt jemanden an, von dem du gerade mal die Telefonnummer hast und willst ihm etwas verkaufen. Ja, wie einfach ist das denn? Okay, wenn du gut vorbereitet bist, wirst du auch am Telefon den Erfolg haben. Deswegen beschreibe ich gleich in diesem Buch, was du und vor allen Dingen WIE du es am Telefon sagst.

Nur wenn du gut vorbereitet bist und mit der Zeit deines Gesprächspartners respektvoll umgehst, werden deine Gespräch professionell sein.

Warum machen Unternehmen überhaupt Kaltakquise, wenn Verkäufer sie so ungerne machen? Weil sie neue Kunden gewinnen müssen – so sterben zum Beispiel ein Prozent der Kunden aus, verkaufen ihr Unternehmen an den Mitbewerb etc. Und hier noch eine besondere Zahl für dich: 68% der Kunden fühlen sich schlecht betreut von den Verkäufern und sind schnell offen für Alternativen. Das ist einerseits eine große Chance für dich an neue Kunden zu kommen und andererseits die große Gefahr, dass du Kunden an deine Wettbewerber verlierst.

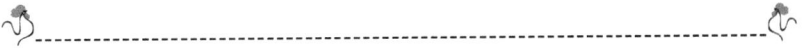

Bei komplexen Systemen ist der Erstanruf nur ein Türöffner. Entscheider auf den oberen Stufen sind telefonisch schlecht zu erreichen und zum anderen werden komplexe Systeme nicht nach dem ersten Telefonat gekauft. Hier heißt es für dich, intensiver mit DNS (**D**er **N**ächste **S**chritt) zu arbeiten. Du verpflichtest deinen Interessenten, mit dir gemeinsam den Weg zu gehen. Da es bei diesen Systemen ein aufwändigerer Weg ist, solltest du über die einzelnen Aktivitäten immer bestens informiert sein. Da unterstützt dich sicher ein CRM-System.

#3: Kundenakquise über Online-Marketing

Bei dieser Form der Akquisition sprechen die Fachleute auch von der „Pull-Akquise". Hast du zum Beispiel einen Newsletter herausgegeben und die Leser schauen auf deiner Homepage nach, so erreichst du sie, wie sie in der Situation gerade Interesse an deinen Produkten und Dienstleistungen zeigen. Das kannst du noch untermauern mit einer entsprechenden Anzeige bei Google. Doch Vorsicht: denk darüber nach, welche Summen du täglich investieren willst und leg vor Beginn der Aktivitäten eine Budgetgrenze fest.

#4: Kundenakquise über Partner-Unternehmen

Einige Unternehmen stellen Produkte her und verfügen über keinen Vertrieb. Insofern kann es sinnvoll sein, den Vertrieb über Partnerunternehmen abzuwickeln. Das kennst du sicher vom Großhandel. Doch auch hier gilt zu berücksichtigen, dass der Hersteller nur dann von den Aktivitäten des Partners profitiert, wenn dieser auch aktiv ist. Bleibt der Partner inaktiv, so kann für den Hersteller wenig dabei herausspringen.

#5: Referenzen und Empfehlungen

Der überwiegende Teil der Neukunden wird heute über Akquisition gewonnen. Auf dem zweiten Platz liegen die Referenzen und Empfehlungen. Da spricht man auch vom Empfehlungsmarketing. Mit wem wirst du ein besseres und schnelleres Geschäft machen: einem Unternehmen, das du kalt akquiriert hast oder einem Unternehmen, das dir ein Kunden wärmstens empfohlen hat? Sicher, es ist die Empfehlung.

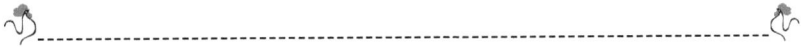

Die Bedeutung eines Telefonleitfadens

Gerne erinnere mich noch an meine Zeit als Vertriebs-Assistent. Ich saß an meinem Schreibtisch, starrte auf den Stapel von Interessentendaten mit einem flauen Gefühl im Magen. Das „auf die lange Bank schieben" nutzte auch nichts, denn irgendwann habe ich den Hörer in die Hand genommen, die Nummer gewählt und zog eine fürchterliche Grimasse, als die Palastwache (Telefonzentrale, Sekretariat etc.) nachfragte: *„Wer sind Sie?" „Von welchem Unternehmen?" „Weiß er, weswegen Sie anrufen?" „Hatten Sie schon Kontakt zu ihm?" „Es ist besser, Sie schicken vorab eine Mail an die Adresse info@musterfirma.de!"*

Diese unbequemen Fragen der Palastwache brachten mich ja nicht unbedingt aus meinem Konzept, aber zwangsläufig fragte ich mich schon, warum ich ausgerechnet im Verkauf gelandet war. Es war allerdings der erste Anruf des Tages und bis zum Wochenende musste ich noch hunderte solcher Anrufe tätigen. Der Gedanke daran führte wieder zu diesem flauen Gefühl im Magen.

Es vergingen einige Tage und ich fing schon an, diese Tätigkeit zu hassen und fand tausende von Gründen, warum dass alles bei mir nicht funktionieren konnte. Kurze Zeit später traf ich einen Verkaufstrainer – und danach war alles anders. Ich denke immer noch daran, wie er aus seiner Tasche einen Hefter zog gefüllt mit Telefonleitfäden für die unterschiedlichsten Aktivitäten am Telefon. Er war der Meinung, dass es für meinen kontinuierlichen Erfolg nur einen Weg gäbe: nämlich einem erprobten System und einem wirkungsvollen Verkaufsprozess zu folgen gestützt auf die bewährten Telefonleitfäden.

Er erläuterte, dass ein solches Telefonleitfaden überlebenswichtig sei, um Kaltanrufe zu tätigen, Termine am Telefon zu vereinbaren, Nachfass-Telefonate zu führen und am Telefon zu verkaufen.

Telefonleitfaden? Soll das ein Witz sein? Ich will doch nicht wirken wie jemand aus dem Callcenter!

Das war meine erste Reaktion, als er über Telefonleitfaden sprach. Sicher bekommst du auch jeden Tag Anrufe von unterschiedlichen Firmen, mal geht es um ein Zeitungs-Abo, dann geht es um Wein aus Frankreich oder um eine spezielle „völlig sichere" Lehmann-Geldanlage und das letzte, was ich wollte war, so am Telefon zu klingen, wie diese Telefonverkäufer.

Dann sagte der Trainer etwas, was wirklich Sinn machte. Wenn du genau darüber nachdenkst, arbeitet doch jeder Erfolgreiche mit einem Script oder er hat eine sorgfältig schriftlich zugelegte Routine. Das kann ein sehr erfolgreicher Sportler sein, der nach einem Script seine Übungen absolviert und neue Techniken einstudiert. Oder es geht um die Tänzer, die ebenfalls nach einem Script neue Tanzübungen einstudieren.

Was diese Profis so erfolgreich macht ist doch die Tatsache, dass sie die Übungen immer wieder einstudieren – nicht einmal, nicht zehnmal, hunderte Male. Und bei Ihrer Präsentation laufen sie fehlerfrei zur Hochform auf.

Ein Script für die Sportler - das machte für mich Sinn. Aber das aufzuschreiben, was ich am Telefon sagen wollte? Das ist doch ganz schön happig! Und dann sprach er von den Schauspielern, die Millionen von Euro für Ihren Auftritt in einem Film bekommen. Sie stellen sich ja auch nicht auf die Bühne oder vor die Kamera und schwatzen munter drauf los, oder? Niemals!

Jedes Wort wurde vorher aufgeschrieben und von dem Schauspieler so lange wiederholt, bis es sich natürlich, glaubhaft und herzlich angehört hat.

Statt durch den Text zu stolpern, konzentrieren sich diese hoch bezahlten Profis auf die exakte Sprechgeschwindigkeit, ihr Stimmvolumen, ihre Modulation und ihren Ton in der Stimme.

Ich war ja immer noch skeptisch und fühlte mich unwohl dabei, mein gesamtes Telefonat aufzuschreiben. Dann fragte mich der Trainer, ob ich zuletzt einen Film gesehen hätte, der mich emotional berührt hat. Ich nickte zustimmend mit dem Kopf. „Hast du denn bemerkt, dass die Schauspielerin nichts anderes gemacht hat, als das zu sagen, was Zeile für Zeile im Script steht und du hast dich auch noch wohl dabei gefühlt?" fragte er mich.

Erinnerst du dich an die letzte Sportschau? Wie viele Zettel hielt der Moderator in der Hand? Oder bei den Heute-Nachrichten, oder Tagesschau im Fernsehen. Die Textblätter (= Script) liegen alle auf dem Tisch und zusätzlich erscheint der Text auf dem Teleprompter zum Ablesen. So einfach ist das für den Moderator, wenn er mit einem Script arbeitet.

Der Moderator entscheidet nicht situativ was er sagt, sondern der gesamte Text wurde notiert und mehrfach einstudiert. Stefan Raab sagte im Zusammenhang mit dem Song Contest 2011 in Düsseldorf in einem Interview: „Hier wird ja auch alles gescriptet."

Als Christian Wulf zum Bundespräsidenten vereidigt wurde, hatte er auch ein Script vorliegen. Er hatte den Text abgelesen – okay, er hatte sich verlesen und musste wieder von vorn beginnen. Das wird dir ja nicht passieren, da du dich ja mit diesem Buch viel besser vorbereitet bist.

Dann erklärte mir der Trainer, dass mindestens 70 Prozent (manche sprechen von 90 Prozent) des Verkaufsgesprächs nichts anderes ist als die Übermittlung von Überzeugung und Begeisterung. Und der beste Weg um dies zu erreichen, ist die Konzentration auf die korrekte Informationsvermittlung als permanent darüber nachzudenken, was ich als nächstes sagen will.

Damit hatte er meine volle Aufmerksamkeit. Nach dem Gespräch mit dem Trainer war ich soweit, meine eigenen Telefonleitfäden zu schreiben. Das war eine meiner besten Entscheidungen. Meine Umsätze und Provisionen schnellten in die Höhe. Mit dem Einsatz eines Telefonleitfadens konnte ich innerhalb von neun Monaten meinen Platz von den hinteren Rängen verlassen und gehörte nun zu den Topp-20%-Profis.

Heute – nach 22 Jahren Selbständigkeit als Verkaufstrainer – schreibe ich für meine Akquisitionen immer einen Telefonleitfaden. Und das halte ich auch in meinen Trainings so. Es ist auch nicht das erste Script, das sofort erfolgreich bei den Interessenten ankommt. Ich muss meine Scripte verändern und anpassen, bis ich zu dem Ergebnis komme: jetzt sind sie optimal.

Mit diesen Telefonleitfäden erreichen die von mir trainierten Verkäufer einen erstklassigen Gesprächseinstieg, handeln völlig entspannt die Einwände ab, stellen qualifizierte Powerfragen, vereinbaren mehr Termine, machen mehr Verkaufsabschlüsse und steigen damit zu den Topp-20%-Profis in ihrem Unternehmen auf.

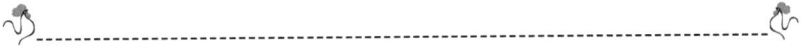

Sechs Gründe für einen Telefonleitfaden

Wenn du von einem Telefonleitfaden noch nicht so richtig überzeugt bist, gebe ich dir hier sechs weitere Gründe, die für einen Telefonleitfaden sprechen:

Nr. 1: Telefonleitfäden bringen Professionalität.

Wie oft hast du deinen Vertriebskollegen zugehört und festgestellt, dass sie rumgeschwafelt haben, nur weil sie keinen Telefonleitfaden benutzt haben? Hast du bemerkt, dass jedes Gespräch sich anders anhört und anders ist als das vorhergehende? Manchmal wunderst du dich, dass tatsächlich ein Interessent noch am anderen Ende der Leitung ist. Tatsache ist jedoch: je mehr du am Telefon rumschwafelst, umso weniger Kontrolle hast du über dein Gespräch, je weniger qualifizierst du und dann hörst du dich auch noch an wie ein Callcenter-Agent.

Wenn du mit einem 20 Prozent-Anteil zufrieden bist, dann kannst du auch gerne weiterhin improvisieren.

Willst du allerdings zu den Profis gehören und 80 Prozent des Umsatzes realisieren und somit fette Provisionen kassieren, dann wirst du dich nur professionell anhören, wenn du einen Telefonleitfaden benutzt. Wenn du das bis heute noch nicht gemacht hast, dann wird es jetzt Zeit.

Nr. 2: Bei der Benutzung eines Telefonleitfadens wirst du alle qualifizierenden Fragen stellen.

Wie oft ist es dir schon passiert, dass du nach dem Telefonat den Hörer aufgelegt und dann bemerkt hast, dass du die wichtigsten Fragen nicht gestellt hast wie zum Beispiel:

- Wie viele Entscheider gibt es im Unternehmen für dieses Projekt?
- Woher kommt exakt das Geld, das für dieses Projekt ausgegeben wird?
- Vom wem haben sie bisher gekauft?
- Bekommen sie von dem bisherigen Lieferanten eine bevorzugte Behandlung? Wenn ja, wie sieht diese aus?
- Nach welchen weiteren Lösungen suchen sie im Unternehmen?
- Sind sie jetzt kaufbereit oder wollen sie noch sechs Monate warten?
- Wie viele Verkäufer sind im Unternehmen beschäftigt? Wie viele sind im Außendienst und wie viele im Innendienst?
- Wie lösen Sie das heute und welche Wünsche haben Sie für die Zukunft?

Diese und viele andere wichtige Fragen werden in den Telefonaten einfach nicht gestellt und um dies zu vermeiden, ist der Einsatz eines Telefonleitfadens dringend erforderlich.

Du bist mehr damit beschäftigt darüber nachzudenken, was du als nächstes sagen willst und die wichtigsten Fragen hast du in dieser Situation vergessen.

Ein weiteres Problem bekommst du, wenn du diese Interessenten ein zweites Mal zurückrufst. Jetzt bezahlst du den Preis dafür, dass du im Erst-Telefonat vergessen hast, diese wichtigen Fragen zu stellen.

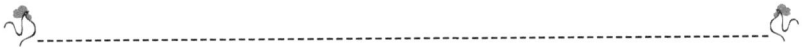

Wie oft hast du einen Interessenten angerufen und gehört: „Wir haben uns das angeschaut – sind aber nicht interessiert." Oder „Wir sind noch nicht soweit, vielleicht erst in sechs oder 10 Monaten – rufen Sie dann noch mal an." Oder „ich kann mir das nicht leisten. Ich habe nur ja zu den Informationen gesagt, weil Sie mir das angeboten hatten."

Frustrierend, nicht wahr? Bekommst du diese Antworten von deinen Interessenten, sobald du zurückrufst, dann weißt du, dass du gravierende Fehler im Erstgespräch gemacht hast. Du hast vergessen, die wichtigsten Fragen zu stellen und damit sabotierst du dich und deinen Abschluss.

Nr. 3: Telefonleitfäden machen deine Tätigkeit viel einfacher und entspannter.

Du kennst sicher 90 Prozent der Einwände, die deine Gesprächspartner immer wieder bringen. Du hörst diese Einwände so oft und manchmal hast du das Gefühl, dass sie einen Telefonleitfaden für Einwände benutzen. Warum bist du auf eine solche Situation so schlecht vorbereitet? Handelst du vorausschauend, dann kennst du die Einwände und dann solltest du auch professionell vorbereitet sein. Sobald du einen Einwand hörst, hast du sicher dieses flaue Gefühl im Magen. Ist es da nicht besser, bestens vorbereitet zu sein, sich diese immer wiederkehrenden Einwände anzuhören und dann entspannt darauf zu antworten und dann den Abschluss zu erzielen?

Nur mit einem Telefonleitfaden ist das möglich. Bist du gut vorbereitet auf diese Tag für Tag immer wiederkehrenden Einwände, so macht das deinen Job nicht unbedingt einfacher aber dafür erfolgreicher. Denk mal darüber nach. Wenn du den Standard-Einwand hörst: „Der Preis ist zu hoch!" da ist es doch viel angenehmer zu sagen:

„Ah, ich verstehe. Lassen wir im Moment mal den Preis außen vor. Wenn der Preis besser zu Ihrem geplanten Investment passen würde, könnten wir dann den Abschluss heute machen?"

Das hört sich doch viel besser an als das, was du bisher immer gesagt hast. Glaub mir, 80 Prozent deiner Konkurrenten improvisieren, wenn sie diese oder ähnliche Einwände hören und das macht ihren Job nur noch härter. Benutzt du ein Telefonleitfaden von einem Profi, dann bist du bestens vorbereitet, baust Vertrauen auf, wirst diese auftretenden Einwände behandeln, verminderst deine Frustration und tausende von Euro sichern dir einen schnelleren Verkaufsabschluss.

Nr. 4: Du kannst dich ganz darauf konzentrieren, was dein Gesprächspartner zu dir sagt.

Du brauchst nicht zu überlegen, was du als nächstes sagen wirst sondern du hörst deinem Gesprächspartner aktiv zu. Du hörst **was** er sagt und **wie** er es sagt. Hörst du aktiv zu, dann wirst du vom Interessenten exakt erfahren, welche Wünsche und Bedürfnisse er hat und wie du zum Abschluss kommst (oder warum sie noch nicht bereit sind zu kaufen).

Das ist ein ganz wichtiger Punkt. Bist du bei der Qualifizierung eines Interessenten und du folgst deinem Script und stellst die richtigen Fragen, dann wirst du dich wundern, wie sich deine Gesprächspartner offenbaren. Sie werden dir exakt sagen, was du für einen Abschluss tun musst.

Oder sie sagen dir die Gründe, warum sie jetzt noch nicht kaufen können. Egal wie es ist, du bist doch in einer hervorragenden Situation, wenn du vorausschauend weißt, was du zu tun hast, wenn du deinen Gesprächspartner erneut anrufst, um den Abschluss zu machen. Du wirst nur dann diese Informationen bekommen, wenn du aktiv zuhörst.

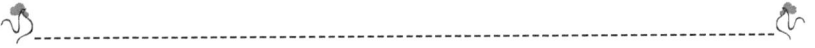

Und aktiv zuhören kannst du nur, wenn du dich nicht darauf konzentrieren musst, was du als nächstes sagen willst.

Nr. 5: Ein Telefonleitfaden gibt dir Selbstvertrauen.

Du wirst erkennen, dass Kaltakquisitionen, Terminvereinbarungen und Verkaufsabschlüsse leichter durchzuführen sind, wenn du ein Telefonleitfaden benutzt. Das hängt damit zusammen, dass du immer wieder die gleichen Einwände hörst und du mit dem Script bestens vorbereitet bist. Machst du hunderte von Anrufen, dann wirst du wenig Kreativität bei den auftretenden Einwänden erkennen. Über 90 Prozent der Einwände sind doch immer gleich. Ansagen wie: „Ich bin nicht interessiert" oder „Wir haben dafür kein Geld im Budget" oder „Wir haben bereits einen Verkaufstrainer/Lieferanten" hörst du doch dutzende Male jeden Tag oder jede Woche.

Mit dem Einsatz eines Telefonleitfadens und den professionellen Antworten darauf wirst du die Einwände professionell behandeln und mit Selbstbewusstsein überwinden. Ansonsten gehörst du zu den 80 Prozent der Verkäufer, die mit ihren Antworten „rum eiern" und nicht oder nur wenig überzeugen.

Nr. 6: Nur ein Telefonleitfaden führt zur Perfektion.

Viele Menschen sagen, dass viel Praxis zur Perfektion führt. Aber das stimmt nur bedingt. Jedoch: die permanente Anwendung führt zur Nachhaltigkeit. Nur die regelmäßige Anwendung des Telefonleitfadens führt zur Perfektion.

Wenn du immer ohne Telefonleitfaden arbeitest, dann verstärkst du deine schlechten Gewohnheiten und du lernst nichts dazu. Vielleicht klingst du sogar schlimmer und schlimmer und wunderst dich, was los ist.

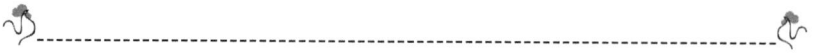

Andererseits - wenn du mit einem Telefonleitfaden arbeitest, dann wirst du von Gespräch zu Gespräch immer besser. Mit jedem gehörten Einwand wirst du sicherer und baust mehr Selbstvertrauen auf, weil du ja die Perfektion praktizierst.

Telefonleitfäden ermöglichen dir auch, deine Stimme zu trainieren: die Sprechgeschwindigkeit, die Modulation, die Stimmhöhe, die Begeisterung etc. So wie du das Gespräch eröffnest, so wie du den Interessenten qualifizierst, so wie du den Abschluss machst, so wie du nach dem Auftrag fragst, so wie du auf die Einwände antwortest ist doch immer gleich. Da macht es doch Sinn, die effizienten Techniken zu erlernen und anzuwenden. Setzt du diese Techniken jetzt tagtäglich ein, so werden sie dich von den hinteren Rängen nach vorne bringe, zu den Topp-20%-Verkäufern. Und das willst du ja.

Diese drei Fragen solltest du beantworten, bevor du zum Hörer greifst

Frage von Oliver: *„Ich starte ab 2017 in einem neuen Unternehmen als Telefonverkäufer und welche drei Fragen soll ich mir stellen, bevor ich zum Hörer greife?"*

Meine Antwort:

Hier kommen drei Fragen, die du dir zuerst stellen solltest, bevor du zum Hörer greifst. Diese drei Fragen bringen dich auf den richtigen Weg.

1. Frage: *Kennst du den Namen und den Titel der Person, die du jetzt anrufen willst?*

Du solltest schon den Namen der Personen kennen, die in den Entscheidungsprozess mit eingebunden sind. Das erleichtert dir die Vermarktung deiner Produkte und Dienstleistungen.

Das wirklich letzte, was du die Palastwache fragen solltest: *„Wer ist denn zuständig für ...?"*

Nehmen wir an, du verkaufst ein Luftfiltersystem, das die Anzahl der Bakterien im Büro um 38% senkt und du fragst die Dame in der Telefonzentrale: *„Wer ist denn zuständig für Luftfiltersysteme?"* Du wirst sicher einen Kontakt zum Hausmeister bekommen anstelle des Geschäftsführers. Nur der Geschäftsführer denkt darüber nach, wie er die Kosten in den Griff bekommen und den Krankenstand senken kann. Und dazu trägt ja schließlich dein Produkt bei.

Abgesehen davon, wenn du den Namen des qualifizierten Entscheiders nicht kennst, was und wie solltest du die Palastwache fragen?

Hier gebe ich dir ein anderes Beispiel:

Nehmen wir an, du verkaufst Anzeigen an Luxus-Autohändler. Die zwei Schlüsselpersonen sind der Eigentümer und/oder Mercedes-Benz und nicht der Marketing-Guru im Haus. Dieser muss nämlich wieder zu seinem Boss oder zu Mercedes gehen und fragen, ob er das so machen darf. Wenn du nun die Palastwache fragst: *„Wer ist zuständig für Anzeigen und Marketing?"* was glaubst du wohl, zu wem du durchgestellt wirst? Wird dein Anruf zum Eigentümer durchgestellt oder zum Marketing-Guru mit der fehlenden Autorität?

Mein Tipp: Geh auf die Website des Unternehmens. Dort findest du im Impressum die Namen der Verantwortlichen.

Zusätzlich google anschließend die Namen und schau in XING nach, welche Personen dort aufgeführt sind.

2. Frage: *Kennst du die wahren Gründe, warum Kunden deine Produkte kaufen?*

Du solltest schon wissen, warum Kunden deine Produkte und Dienstleistungen kaufen. Sobald du einen neuen Job beginnst, ist es ratsam, Empfehlungen von anderen Unternehmen zu lesen. Das gibt dir einen besseren Einblick und damit kannst du die Gesprächseröffnung intensivieren. Du solltest schon drei der wichtigsten Kaufgründe kennen – damit unterscheidest du schneller den qualifizierten Entscheider vom unqualifizierten Entscheider.

Mein besonderer Tipp: ruf doch deine Kunden an und stell Ihnen folgende Fragen:
„Herr Kunde, Sie sind ja bereits seit einigen Jahren Kunde unseres Unternehmens – was zeichnet unser Unternehmen aus?"
„Was machen wir besonders gut?"

3. Frage: *Welche Einwände hörst du bei deinem ersten Telefonanruf?*

Jedes mal wenn ich einen neuen Interessenten anrufe, ist mein Ziel die Qualifizierung. Um das herauszufinden, stelle ich einige Fragen. Ich wünsche mir echte, offene Antworten, so dass ich zwei Dinge vorab tue, bevor ich starte:

a) das Interesse wecken und
b) die Zustimmung zur Fortführung des Gesprächs erhalten.

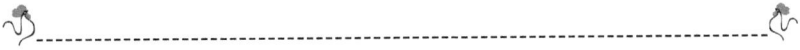

Das sieht dann so aus:

„Schönen guten Tag, Herr Müller, hier ist Vorname Nachname von der ABC-GmbH in Frankfurt. Darf ich direkt auf den Punkt kommen?"

„Prima, Herr Müller, ich rufe Sie an, weil wir einige Transportunternehmen dabei unterstützt haben, die Ladekapazität Ihrer LKWs um bis zu 40% zu steigern. Derzeit verspüren ja viele Speditionen starken Druck bei den Margen. Ist es okay für Sie, wenn ich Ihnen drei Fragen stelle um zu prüfen, inwieweit Ihr Unternehmen ebenfalls davon profitieren kann?"

Oder es könnte auch so aussehen:

„Schönen guten Tag, Herr Müller, hier ist Werner Hahn Geschäftsführer der Hahn GmbH in Mainz. Darf ich direkt auf den Punkt kommen?"

„Prima, Herr Müller – ich rufe Sie heute ganz gezielt an, da wir die Unternehmen (Unternehmen A) und Unternehmen (B) dabei unterstützt haben, die Trainingskosten im Vertrieb zu halbieren und die Abschlussquote innerhalb von 90 Tagen um 11% gesteigert haben.

Ist es okay für Sie, wenn ich Ihnen drei Fragen stelle um herauszufinden, in wieweit das Thema auch für Sie interessant ist?"

Hiermit schaffst du dir neue Möglichkeiten, professionell in die Gespräche einzusteigen, mehr Termine bekommst und mehr Abschlüsse tätigst. Das willst du ja.

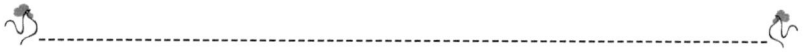

Die Genialität liegt in der Einfachheit.

Verkaufstrainer mit wenig Praxiserfahrung haben dafür gesorgt, dass die Terminvereinbarung am Telefon so kompliziert dargestellt wird.

Dabei führen doch effektives und effizientes telefonieren ganz schnell zu einem konkreten Ergebnis: *Ja, Nein, Vielleicht* – vorausgesetzt du führst das Gespräch in einem entspannten, professionellen und vertrauenswürdigen Ton. Dadurch vermeidest du die Ablehnung.

Wenn du alles richtig machst, werden sie dir das *„Ja, gerne"* auf einem Silbertablett servieren und du kannst deine komplette Einwandbehandlung vergessen. So einfach sollte für dich deine Akquise sein.

Greifst du zum Telefon und rufst einen Interessenten an – kalt, warm, heiß, eine Referenz, ein Folgetelefonat, eine Anfrage von Messen oder übers Internet, einen existierenden Kunden, ein Lead (neudeutsch!) – und keiner deiner Gesprächspartner erwartet deinen Anruf - dann **unterbrichst** du sie in ihrer Arbeit.

Stell dir einfach vor, wie du dich fühlst, wenn du in deine Arbeit versunken bist und plötzlich kommt ein unangemeldetes Telefonat rein. Das kann bei dir schon zu einigen Verwirrungen führen, es macht dich ärgerlich oder aufgebracht, weil der Anruf genau in dem Moment reinkommt, als du mitten in deiner Gedankenwelt warst (Malediven?) oder vielleicht auch kurz vor einer besonderen Lösung gestanden bist.

Lass mich in deinen Schuhen laufen: *Was wünschst du dir? Was soll anders sein?*

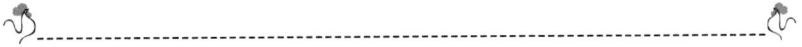

Okay, deine erste Reaktion ist vielleicht *„Ich will den Anruf jetzt nicht entgegennehmen."* Da bin ich bei dir.

Keiner hat es gerne, wenn er unterbrochen wird: ich nicht, du nicht, dein Interessent nicht – es sei denn, wir warten dringend auf einen Anruf.

Lass uns zur Wirklichkeit zurückkehren. Als Verkäufer hast du jetzt eine besondere Chance: Entweder du akzeptierst diese Unterbrechungen als Verkäufer oder du startest ab sofort deine neue Karriere bei einer Bulettenbraterei mit geringem Risiko. Übrigens gibt es in den USA eine besondere Statistik: Verkäufer, die ihre Interessenten ungern unterbrechen, haben Kinder mit wenig Selbstbewusstsein.

Wenn du damit leben kannst, dass ein Anrufer dich in deiner Arbeit unterbricht, was wünscht du dir in dem Moment? Du wünschst dir doch, dass der Anrufer direkt auf den Punkt kommt und das Telefonat schnell beendet ist, damit du endlich deine Katzenvideos weiter auf YouTube hochladen kannst.

Jetzt steig in die Schuhe deines Interesssenten. Das sind Menschen wie du und ich und die es übel nehmen, wenn ein unangemeldeter Anruf plötzlich erfolgt. Dein Ziel ist es, direkt auf den Punkt zu kommen, so dass du die Einwandbehandlung vergessen kannst und dein Gesprächspartner seine Arbeit fortsetzen kann – egal was er gerade gemacht hat.

Um dieses Ziel zu erreichen, sollte dein Anruf klar strukturiert sein, du in 12 Sekunden auf den Punkt kommst und dich dabei anhörst wie ein absoluter Profi und nicht wie ein ablesender Roboter oder ein schlecht bezahlter Callcenter-Agent mit seinem Laber-bla-bla.

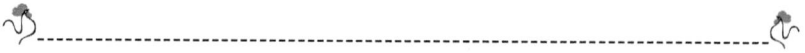

Dazu benötigst du einen Prozess, der einheitlich, wiederholbar und stimmig ist. Nur das nimmt den Druck aus dem Gespräch heraus – gut für dich und besonders gut für deinen Gesprächspartner.

Weil du bei deinen Anrufen immer den gleichen Text verwendest, brauchst du dir über das, was du sagen willst, keine Gedanken mehr machen. Und weil du zielgerichtet und durchdacht vorgehst, gehst du respektvoll mit der Zeit deines Gesprächspartners um.

Das bedeutet für dich, dass du mehr erreichst, wenn du deine Akquisezeit in entsprechende Zeiteinheiten einteilst und du somit mehr Zeit hast für die Aktivitäten, die dir zusätzlichen Spaß im Verkauf bringen. Dadurch wird dein Verkaufstrichter schneller mit qualifizierten Interessenten gefüllt.

Erfolgreich akquirieren - Beispiel #1:

Ein professioneller Anruf bei einem Interessenten für eine Terminvereinbarung hört sich dann so an:

Schritt #1: Hol dir die Aufmerksamkeit mit seinem Namen: *„Hallo Herr Schneider,"*

Schritt #2: Stell dich selber vor: *„Hier ist der Verkaufstrainer + Fachbuchautor Werner Hahn aus Mainz."*

Schritt #3: Hol dir das erste emotionale *„Ja"* von ihm ab: *„Herr Schneider, darf ich direkt auf den Punkt kommen?"*
In 99 Prozent der Fälle sagt dir der Gesprächspartner: *„Ja, gerne, legen Sie los!"*

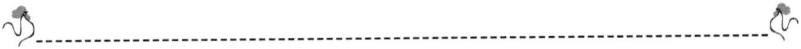

Schritt #4: Sag ihm was du willst: „*Prima, ich rufe sie heute gezielt an, **weil** die Verkäufer mit meinen Trainings mehr Termine und mehr Aufträge realisieren. Wie interessant ist das für Sie?*"
In 90 Prozent der Fälle höre ich ein „*Mehr Termine und mehr Aufträge? Ja, das ist interessant für uns.*"

Schritt #5: Terminvereinbarung: „*Wie ich das mache Herr Schneider, erläutere ich Ihnen gerne in einem persönlichen Gespräch – wie sieht es Wochentag – Datum – Uhrzeit bei Ihnen aus - oder klappt es bei Ihnen bereits nächste Woche?*"

Erkennst du, dass ich nach 10 Sekunden direkt den NUTZEN präsentiere: „*mehr Termine und mehr Aufträge*"?

Und nach dem Nutzen bringe ich direkt eine offene Frage: „*Wie interessant ist das für Sie?*"

Schritt #1 bis #3 spreche ich direkt ohne Pause. Mache ich eine Pause, dann verliere ich die Kontrolle über das Gespräch.

Erfolgreich akquirieren - Beispiel #2:

Hier gebe ich dir eine andere Variante, um vorab einige Informationen (Bedarfsanalyse) zu bekommen:

Schritt #1: „*Hallo Herr Peters,*"

Schritt #2: „*Hier ist Mirko Sanders von IT-Consulting.*"

Schritt #3: „*Herr Peters, ist es okay für Sie, wenn ich direkt auf den Punkt komme?*"

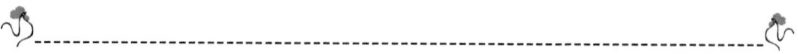

Schritt #4: *„Prima, Herr Müller, ich rufe Sie an, **weil** wir einige Transportunternehmen dabei unterstützt haben, die Ladekapazität Ihrer LKWs um bis zu 36% zu steigern. Derzeit verspüren ja viele Speditionen starken Druck bei den Margen. Ist es okay für Sie, wenn ich Ihnen drei Fragen stelle um zu prüfen, inwieweit Ihr Unternehmen ebenfalls davon profitieren kann?"*

In 90 Prozent der Fälle hörst du: *„Ja gerne."*

Schritt #5: Stell jetzt die erforderlichen Fragen aus deiner Bedarfsanalyse:
"Wie viele Fahrzeuge .....?"
"Was planen Sie in den kommenden ...?"
"...................."

Hört sich das alles interessant für dich an, vereinbar direkt den Termin mit deinem Gesprächspartner.

Jetzt weißt du, wie erfolgreich akquirieren geht!

Verwendest du diese Vorgehensweise, dann kommst du weniger in strauchen und es tauchen weniger Einwände im Gespräch auf. Die Texte, die ich dir hier aufzeige, stellen einen Rahmen dar für deine Gespräche. Sie geben dir die Sicherheit und du konzentrierst dich auf das, was dein Gesprächspartner sagt und brauchst nicht darüber nachdenken, was du als nächstes sagen willst.

Deine Telefonate sollten professionell sein und in 12 Sekunden kommst du direkt auf den Punkt. Das nenne ich *„Match-pitch"* – ein Streichholz (= Match) brennt 10 bis 12 Sekunden und das ist die Zeit, um deinen NUTZEN zu vermitteln. *„Elevator-pitch"* war gestern.

Es ist auch nicht erforderlich, dein Akquisetelefonat aufzubauschen mit irgendwelchen Banalitäten. Das führt nur dazu, dass es zu abrupten Ablehnungen kommt und der Gesprächspartner das Gespräch sofort beendet.

Am Telefon erfolgreich akquirieren

Der überwiegende Teil der Verkäufer hat nie gelernt, das Telefon zur Akquisition von Neukunden oder auch nur zum Verkauf richtig einzusetzen.

Ist schon erstaunlich, dass wir im 21. Jahrhundert mit 7,2 Milliarden Mobiltelefonen noch darüber nachdenken, wie der Verkäufer seinen Verkaufstrichter mit der Telefonakquise auffüllt.

Dieses Problem wird sich noch verstärken, da es in den meisten Unternehmen weder für den Außendienst noch den Innendienst ein Training gibt, um am Telefon erfolgreich zu akquirieren. Und sollte doch einmal ein Training stattfinden, wird es von den Personen (manche nennen sich sogar "*Trainer*") durchgeführt, die

- selber nie im Verkauf waren oder
- sich das Wissen aus Büchern angelesen haben oder
- selber grottenschlecht in der Kundenakquise am Telefon sind.

Dieser Vorgehensweise funktioniert doch nie in der realen Welt des Verkaufens mit echten Interessenten und Kunden und führt letztlich dazu, dass die wenigsten Verkäufer aktiv akquirieren und demotiviert das Telefon ablehnen. Und später sagt mir die Führungskraft: "**Das haben wir schon ausprobiert - das funktioniert bei uns nicht!**"

Mich überkommt manchmal das blanke Entsetzen wenn ich höre, wie gestandene Verkäufer am Telefon akquirieren: negative Sprache, geschlossene Fragen und ohne Ende Weichmacher.

Eine Teilnehmerin definierte das so: **"Wer seine Bitte nur weiß zögernd vorzutragen, lehret den der bittet, seine Bitte abzuschlagen!"**

Also: Je weicher deine Sprache umso größer ist die Ablehnung!

Vor einiger Zeit traf ich auf einer Tagung eine Personalmanagerin, die von ihrem Chef den Auftrag bekommen hatte, ein **Trainingsprogramm zur Kundenakquise am Telefon** für die AD-Verkäufer zu entwickeln.

Ich habe sie gefragt: *"Wie viele Akquise-Telefonate haben Sie bereits durchgeführt?"*

Sie antwortete: „Keins!"

Ich: „Wenn Sie selber noch nie am Telefon akquiriert oder etwas verkauft haben, wie wollen Sie da in der Lage sein, ein Trainingsprogramm zu entwickeln?" fragte ich sie.

Sie: „Ich habe meinem Chef ein Ausbildungs-Programm vorgeschlagen und er fand es gut. Deswegen werden wir das auch so machen."

Ich: „Was ich wirklich nicht verstehe ist, wie wollen Sie den Mitarbeitern das Verkaufen beibringen, wenn Sie selber keine Ahnung vom Verkaufen haben?"

Sie: *„Okay, ich habe unsere Verkäufer gebeten, mir etwas zu verkaufen und was mir nicht gefällt, gefällt auch unseren Kunden nicht. Das ist doch eine gute Ausgangsbasis."*

Ich: *„Jetzt bin ich wirklich perplex, wie stehen sie denn zur Kundenakquise am Telefon?"*

Sie: *„Das würde ich nie machen",* entgegnete sie.

Kannst du dir vorstellen, welch ein Blödsinn da entsteht, wenn eine Person ein Trainingsprogramm entwickelt und sie wirklich keine Ahnung vom Verkaufen hat?

Was glaubst du wohl wie viele Führungskräfte ich schon in meinem Leben getroffen habe, die wirklich keine Ahnung vom Verkaufen und von der Akquisition hatten. Wie wollen diese Führungskräfte ihre Mitarbeiter zum Erfolg führen?

Mein Ziel mit diesem Buch ist, dass du in der Lage bist, deinen Verkaufstrichter mit qualifizierten Interessenten prall aufzufüllen.

- Ich werde dir zeigen, wie du das Telefon gewinnbringend für deinen Verkauf einsetzen wirst. Ich zeige dir, wie du die Anzahl deiner Telefonate verdoppeln oder vervierfachen wirst in einer wesentlich kürzeren Zeit. Das führt dazu, dass du entspannt deine Akquisition durchführst und mehr Zeit für weitere gewinnbringende Aktivitäten hast.
- Zusätzlich zeige ich dir, was du und wie du es ganz konkret am Telefon sagst, sobald du den Entscheider am Telefon hast. Du lernst, wie du mit Widerstand oder sogar Ablehnung besser umgehen kannst.

Hier will ich dir noch einige Punkte mit auf den Weg geben:

- Du wirst viele Ablehnungen am Telefon bekommen, da du mit der Kundenakquise am Telefon viele Interessenten persönlich erreichst – mehr als mit jedem anderen Verkaufskanal.

- Einige deiner Telefonate werden in der heutigen Zeit direkt auf die Mailbox gehen. Je nach Branche und Region können das zwischen 10 und 40% deiner Anrufe sein. Gerade aus diesem Grund ist es wichtig, äußerst professionell zu sein, sobald du den Gesprächspartner am Telefon hast.

- Viele Verkäufer lehnen die Kundenakquise am Telefon ab oder gehen halbherzig an die Aufgabe heran. Diese Frustration kommt daher, dass unqualifizierte Führungskräfte oder Trainer viele Geheimnisse um diese Akquiseform machen, obwohl sie einfach und entspannt ist.

- Nur wenige Verkäufer lieben die Kundenakquise am Telefon. Es ist auch egal, was ich dir über den Prozess erzähle, möglicherweise gehörst du zu denen, die das Telefon in dieser Akquisephase hassen. Trotzdem heißt es – um deine Verkaufszahlen zu erreichen – die Kundenakquise am Telefon ist auch für dich dringend erforderlich.

Übererfüllst du deine Ziele, wirst du eine entsprechende Provision bekommen und an der Spitze deines Teams stehen und den Verkaufs-Oskar gewinnen. Das schaffst du nur mit deiner professionellen Kundenakquise am Telefon.

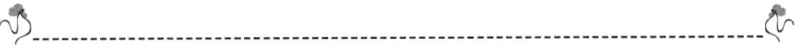

Merke: Mit deiner Akquisition bestimmst DU die Anzahl deiner qualifizierten Interessenten in deinem Verkaufstrichter – nur DU hast die Kontrolle darüber.

Und VERKAUFEN ist ein Verb, ein Tu-Wort! Greif endlich zum Hörer und ruf deine Interessenten an. Sie warten auf dich.

Es ist brutal, aber es die Wahrheit im Verkauf:

Warum scheitern so viele Verkäufer?
Grund #1: Ihr Verkaufstrichter ist leer.

Warum ist Ihr Verkaufstrichter leer?
Grund #1: Weil sie NICHT akquirieren.

Wie baust du eine harmonische Beziehung zu deinem Interessenten auf?

#1: Sei freundlich. Es hat schon seinen Grund, dass gutes Benehmen von Generationen von Menschen praktiziert wird. Freundlich und einfühlsam zu sein zu deinen Gesprächspartnern ist mehr als nur gute Manieren zu haben – es bewirkt auch ein gutes Geschäft. Glaub mir, dich wird keiner zurückweisen, wenn du höflich und professionell bist. Fehlen dir die guten Manieren, werden dich auch viele ablehnen.

#2: Steh auf, wenn du anderen Personen die Hand gibst oder dein Gesprächspartner den Konferenzraum betritt.

#3: Sag mehrmals „*Bitte*" und „*Danke*" und wenn du etwas anfassen willst, dann lass dir ihr Einverständnis geben. Öffne auch die Türen für deine Begleiter.

#4: Verwende untypische Redewendungen. Sag manches, was dein Gesprächspartner nicht erwartet. Sagt er zum Beispiel zu dir: „*Wie geht es Ihnen?*" dann sag nicht nur „*Danke, gut.*" Biete eine Alternative an, wie: „*Oh, das war heute schon ein außergewöhnlicher Start in den Tag. Eines meiner Kinder ist krank und da kam ich schon ins schwimmen. Wie geht es Ihnen?*" Das ist gewinnend, weil es nicht erwartet worden ist. Außerdem sagst du direkt etwas über dich aus und eine solche Situation kann ja jeden treffen. Das ist der erste Einstieg in den Aufbau einer persönlichen Beziehung.

#5: Humor. Gehörst du zu den Menschen, die andere gerne und schnell zum Lachen bringen, dann verfügst du über eine besondere Eigenschaft und baust damit schnell ein harmonisches Verhältnis auf. Das Lachen baut doch einige Barrieren zwischen den Menschen ab und entspannt die Situation.
Gehörst du allerdings nicht zu den Personen, die immer einen Witz drauf haben, dann halte dich zurück. Bei alten Kalauern wird keiner mehr lachen und dann wird die Situation nur noch peinlich für dich.

#6: Setz dosiert Komplimente ein. Jeder hört doch gerne Komplimente. Machst du jemandem ein Kompliment (deinem Gesprächspartner, sein Unternehmen etc.), dann zeigst du, dass du Interesse hast, mehr darüber zu erfahren. Du hast etwas bemerkt, was außergewöhnlich ist.

#7: Vor einiger Zeit betrat ich das Unternehmen eines Interessenten. Der Eingangsbereich war über zwei Stockwerke hoch und es stand dort eine außergewöhnliche Skulptur.

Als der Inhaber mich im Atrium begrüßte, erzählte ich ihm, wie beeindruckend doch dieser Bereich sei und ich mich sehr wohl fühlte. Auf dem Weg in sein Büro erzählte er mit Begeisterung von den technischen Schwierigkeiten in der Bauphase und wie die Probleme alle gemeistert wurden. Das was wieder eine gute Gelegenheit, Rapport aufzubauen.

#8: Stell doch offene Fragen. Eine offene Frage, die mit Ernsthaftigkeit gestellt wird, kommt beim Empfänger wie ein Kompliment an. Wogegen ein Kompliment oft keine Antwort nach sich zieht, wird eine Frage eine Antwort auslösen. Wenn es richtig gemacht wir, wird es die Konversation beleben und der Kunden bekommt ein gutes Gefühl, weil du Interesse an ihm zeigst.

#9: Stell eine persönliche Verbindung her. Wenn du etwas mit deinem Gesprächspartner gemeinsam hast, dann bau darauf auf. Du musst das nicht bis zum Äußersten ausreizen. Seit ihr zur gleichen Schule gegangen, kennt ihr die gleichen Personen, wart ihr schon am gleichen Urlaubsort, sind die Kinder im gleichen Sportclub, dann erkennt der Interessent, dass bereits viele Gemeinsamkeiten vorliegen.

#10: Erzähl eine persönliche Geschichte. Es muss nicht immer eine umständliche, ausschweifende Geschichte sein. Mach es kurz und streich das Besondere heraus.

Hier kommt ein Beispiel: *„Als ich in den Verkauf ging, musste ich Termine für die gestandenen Verkäufer vereinbaren – das Ergebnis des ersten Tages: null Termine, nur gute Gespräche. Sechs Monate habe ich gebraucht, um der beste Verkäufer zu sein. Mittlerweile bin ich seit 26 Jahren Verkaufstrainer mit den Spezialgebieten Akquisition und Preisgespräch."*

Das ist eine kurze und besondere Geschichte und zeigt einige persönliche Aspekte aus deinem Leben. Das kann auch jeder nachvollziehen.

Eine persönliche Beziehung aufzubauen ist eine besondere Wissenschaft mit erprobten Techniken und Taktiken. Berücksichtigst du diese Punkte, dann wirst du eine stärkere und intensivere Beziehung zu deinem Interessenten/Kunden aufbauen. Das bedeutet für dich, dass du in Zukunft mehr Aufträge und mehr Umsatz realisieren wirst.

Stufe #3: Bedarfsanalyse mit Fragetechnik

Fragen sind das universelle Werkzeug für einen Verkäufer.

Fragen solltest du in allen Phasen des Verkaufsgespräches stellen, um weiter das Heft des Handelns in der Hand zu haben.

Fragen haben eine wunderbare Eigenschaft: Der Gefragte antwortet (er steht unter Denklast)!

Und zwar kann er nur in einer Richtung antworten, die du vorher bestimmt hast. Psychologischer Effekt: Behauptungen reizen zum Widerspruch. Geschickter: zu fragen!

Ein Beispiel dazu:
Wenn du behauptest: *„Unser Produkt bietet Ihnen in Sachen Qualität den Vorteil, dass…",* kann dir der Kunde das abnehmen oder auch nicht.

Wenn du dagegen fragst:

„Welche Qualitätsstandards erwarten Sie von einem Produkt, dass Sie hier in Ihrem Unternehmen einsetzen?"

Und dein Kunde antwortet:

„Ich erwarte xyz...", erfährst du einerseits seine Ansprüche und seinen Bedarf und andererseits hast du gleich einen Anknüpfungspunkt, um die Qualitätsstandards deines Produktes ins Spiel zu bringen.

Schließlich hat dir dein Kunde die entscheidenden Kriterien selbst genannt.

Argumentiere immer mit deinem Kunden. Stellst du Behauptungen auf, argumentierst du gegen ihn.

Hier kommen die drei wichtigsten Frageformen:

Offene Fragen

Offene Fragen bringen dir viele Informationen über die Wünsche, Bedürfnisse, Ziele und Träume deines Gesprächspartners. Da die Fragewörter meistens mit „W" beginnen, werden diese Fragen auch als W-Fragen bezeichnet.

Typische offene Fragen sind:
- *„Welche Erfahrungen haben Sie bisher damit gemacht?"*
- *„Welche Unterstützung erwarten Sie von mir in dem Projekt?"*
- *„Was zeichnet Ihren derzeitigen Lieferanten aus?"*
- *„Welche Erwartungen haben Sie an uns?"*

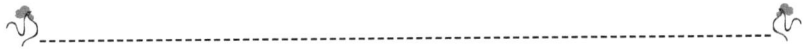

Die W-Fragen: Wieso, Weshalb und Warum solltest du im Verkaufsgespräch meiden. Bei der Frage: *„Warum arbeiten Sie mit xyz zusammen?"* entsteht bei deinem Gesprächspartner ein Rechtfertigungsdruck und in dem Fall wirst du selten die Wahrheit hören. Du kennst das von den Fragen aus deinem Elternhaus:

- *„Warum hast du dein Zimmer noch nicht aufgeräumt?"*

Geschlossene Fragen
Wie der Name bereits sagt, eröffnet diese Art des Fragestellens keine Unterhaltung. Erwünscht wird ein einfaches *„Ja"* oder *„Nein"*.

- *„Sind Sie verantwortlich, wenn es um IT-Sicherheit geht?"*

Alternativ-Fragen
Alternativfragen heißen so, weil sie dem Gesprächspartner zwei Alternativen zur Beantwortung lassen. Sie stellen eine Mischform zwischen offener und geschlossener Frage dar. Es besteht die Wahl zwischen zwei Möglichkeiten.

Die Alternativ-Frage ist stark ergebnisorientiert. Sie verlangt von unserem Gesprächspartner eine Entscheidung und auch eine Richtungs-Steuerung.

- *„Mein Terminvorschlag ist Wochentag – Datum – Uhrzeit oder geht es bei Ihnen schon in der kommenden Woche?"*

Suggestiv-Fragen
„Gesprächssteuernd" – um nicht zu sagen: manipulativ – wirkt die Suggestiv-Frage. Hier handelt es sich um einen Aussagesatz, der in Kombination mit einem beeinflussenden Wort zu einer schließenden Frage umformuliert wird.

Beeinflussende Worte sind z. B.: „bestimmt", „gewiss", „sicherlich", „nicht wahr", „doch auch", „etwa", „wohl" usw. Dem Ansprechpartner wird suggeriert, dass diesem oder jenem Sachverhalt zuzustimmen ist.

Ziel der Suggestiv-Frage ist, den Gesprächspartner in eine bestimmt Richtung zu lenken. Vorsicht: Immer mehr Menschen erkennen Suggestiv-Fragen und erleben diese als demotivierend.

Beispiele:

„Herr/Frau ..., ich bin sicher, Sie sind genau wie wir an einer schnellen Lösung interessiert."

„Die Hose sitzt wie angegossen - meinen Sie nicht auch?"

Rhetorische Fragen
Die rhetorische Frage ist eine Pseudofrage, auf die keine Antwort zu erwarten ist. Sie baut auf scheinbar allgemeingültige Aussagen auf.

Beispiele:

„Wer kennt nicht das Problem...?"

„Wer hat nicht schon einmal...?"

Mit Hilfe der rhetorischen Frage wirst du die Aufmerksamkeit des Gesprächspartners gewinnen und ihn zugleich auf eine gewünschte Sichtweise des Themas einstimmen.

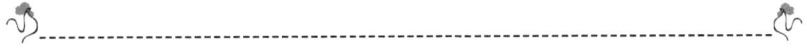

Schalte zuerst deine Ohren auf Empfang und öffne dann dein Mundwerk

Wie gut ist deine Verkaufs-Präsentation? Glaubst selber, dass deine Präsentation gut ist? Eine Präsentation machst du ja immer wieder, sicher bei jedem Interessentengespräch. Sie verändert sich nicht von Interessent zu Interessent. Das nenne ich dann einen „Pitch." Der Begriff Pitch kommt aus der Werbebranche und ist eine Agenturpräsentation, wo Agenturen im Wettbewerb gegeneinander antreten.

Topp-20%-Verkäufer „pitchen" nicht. Sie präsentieren individuelle Präsentationen – speziell zugeschnitten auf jedes Unternehmen.
Um eine unternehmensspezifische Präsentation zu machen, musst du wissen, was die Probleme im Unternehmen sind. An diese Informationen kommst du nur, wenn du aktiv deinem Gesprächspartner zuhörst und Verständnisfragen stellst. Hier kommen vier Wege, wie du deine Kompetenz des Zuhörens intensivieren kannst:

Variante #1: Stell Fragen.
Der allerbeste Weg um die Probleme des Gesprächspartner zu ergründen, liegt in den Fragen, die du stellst. Gute Fragen sind immer offene Fragen. Das führt dazu, dass sich dein Gesprächspartner mehr öffnet und er dir weitere Hintergrundinformationen gibt. Du wirst deinen Erfolg noch steigern, sobald du die speziellen Anforderungen deines Interessenten kennst und die passenden Produkte anbietest.

Je mehr deine Produkte und Dienstleistungen den Anforderungen entsprechen, um so mehr wirst du verkaufen.

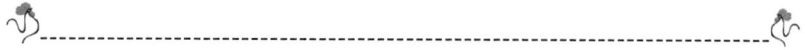

Mit unseren Worten bringen wir unsere Gedanken zum Ausdruck. So wie unsere Gesprächspartner die Worte dazu einsetzen, die Probleme zu beschreiben, so bieten wir mit unseren Worten die passenden Lösungen an. Der Hauptfaktor hier sind die Worte, die Basis der verbalen Kommunikation.

Bei einem „Pitch" werden immer wieder die gleichen Worte verwendet. Eine individuelle Präsentation erfordert immer wieder neue und andere Worte, um die speziellen Anforderungen zu beschreiben. Diesen Punkt will ich noch erweitern:

Wenn ich Kunde bin, definiere ich den Begriff Service wie folgt: *„Zeitnah, jederzeit und du kümmerst dich umgehend, sobald etwas passiert."* Fragst du einen Interessenten nach seinen Prioritäten, dann kann es sein, dass Service seine allerhöchste Priorität hat.

Wenn du jetzt nicht nachfragst, wie *„Service"* definiert wird, dann wirst du deine eigenen Worte einsetzen und die Frage ist, ob du dann die Anforderung des Interessenten exakt triffst oder ob es dein Konkurrent treffender formuliert.

Nehmen wir an, du hinterfragst den *„Service"* und dein Gesprächspartner antwortet: *„Service ist was ich wünsche, wann ich es wünsche und wie ich es geliefert haben möchte."*

Wie willst du jetzt die Service-Elemente für dein Produkt beschreiben? Wendest du deine Standards vom „Pitch" an, wirst du auch nur deine Standards vortragen.

Sag deinen Gesprächspartnern, was sie exakt hören wollen.

Variante #2: Mach dir Notizen.
Der Verkaufsprofi hört zu und macht parallel dazu seine Notizen. Er hört zu. Er macht sich Notizen. Er übernimmt die Aussagen seines Gesprächspartners. Er baut eine Beziehung zu ihm auf, sobald er die Schlüsselworte verwendet.

Deine Interessenten sind immer ganz begeistert, wenn du dir Notizen machst. Sie haben dann das Gefühl, dass sie etwas ganz wichtiges gesagt haben – so wichtig, dass du es notierst. Glaub mir – Notizen zu machen ist eine großartige Idee, die bestens funktioniert.

Variante #3: Lass dir Zeit mit der Antwort.
Viele Verkäufer sind permanent damit beschäftigt darüber nachzudenken, was sie als nächste sagen wollen. Das führt dazu, dass sie nicht richtig zuhören.

Stellt der Kunde eine Frage, dann kommt die Antwort wie aus der Pistole geschossen. Was glaubst du, welche Gefühle dein Gesprächspartner in dem Moment hat? Dass du seine Ausführungen sorgsam abwägst oder vorgefertigte Sätze präsentierst?

Bei jeder Frage solltest du eine Pause von drei bis fünf Sekunden machen, ehe du mit der Antwort startest. Zwei Dinge passieren jetzt. Zuerst wird deine Antwort einen professionelleren Eindruck hinterlassen. Zweitens schickst du die richtige Botschaft an deinen Gesprächspartner, wenn du zuerst denkst und dann sprichst.

Variante #4: Bring Zitate in deinen Ausführungen.
Hierzu ein Beispiel. Ich war mit den Vorbereitungen beschäftigt, auf einem Kongress für Zahnärzte einen Vortrag zu halten. Sitzt du bei einem Zahnarzt und er macht einen Abdruck von deinen Zähnen, dann wird heute diese Information direkt an den Zahntechniker geschickt und er startet mit seinen Arbeiten. Vor meinem Präsentationstermin war ich noch beim Zahnarzt und bekam eine neue Krone. In dem Zusammenhang fragte ich ihn auch: *„Was sind Ihre Prioritäten in Ihrer Zahnarztpraxis?"* Er schaute mich grinsend an und sagte nach drei Sekunden: *„Meine wichtigste Priorität ist außergewöhnliche Zahnheilkunde."*

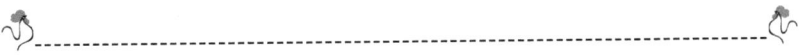

Vier Wochen später auf der Tagung saßen ca. 180 Zahnärzte im Konferenzraum und ich erzählte die Geschichte von meinem Zahnarzt. Ich fragte die Teilnehmer: *„Was glauben Sie wohl, hat der Zahnarzt auf meine Frage: ‚Was sind Ihre Prioritäten für die Praxis?' geantwortet? Schreiben Sie die Antwort bitte auf ein Blatt Papier."* Und das taten denn auch alle.

Nach dreißig Sekunden fragte ich die Teilnehmer, was sie denn so notiert hätten. Es gab unterschiedliche Antworten und einer sagte: *„Patientenpflege."* Viele stimmten dieser Aussage zu.
Über 60% der Teilnehmer stimmten der Aussage zu und alle glaubten, dass dies die richtige Antwort sei. Und dann sagte ich folgendes: *„Die korrekte Antwort auf meine Frage ist dies: Sie können es nur dann wissen, sobald sie seine Antwort gehört haben."*

Keiner der Teilnehmer konnte die korrekte Antwort wissen, es ist ja auch keiner von den Teilnehmern dabei gewesen und hat die Antwort gehört. Sie haben nur Annahmen getroffen. *„Zuhören"* ist ja auch kein Rätselraten. Mein Zahnarzt sagte nicht *„Patientenpflege"* sondern sprach von *„außergewöhnlicher Zahnheilkunde."*

Mir war klar, dass ich keine Ahnung hatte, was er mit *„außergewöhnliche Zahnheilkunde"* meinte. Ich habe ihn beim nächsten Behandlungstermin gefragt, da er zu dem Zeitpunkt nicht mehr gebohrt hatte und die Stimmung entspannter war. Glaubst du, dass ich noch zusätzlich etwas gelernt habe? Das verspreche ich dir, dass es sich gelohnt hatte, nachzufragen.

Notizen zu machen ist einfach erforderlich. Garnier deine Notizen noch mit ganz konkreten Aussagen und das führt zu einem weiteren Vertrauensaufbau.

Denk daran: zuerst die Ohren auf Empfang stellen und manchmal zwischendurch eine offene Frage stellen. Hörst du genau zu was sie sagen, werden sie bei dir kaufen, öfter bei dir kaufen und immer mehr bei dir kaufen.

Das ist der optimale Gesprächsanteil:

- **80%** der Zeit spricht der Kunde
- 20% der Zeit fragt/spricht der Verkäufer.

Drei Fragen, die du nie stellen solltest

#1: *„Können Sie mich mit Herrn/Frau .... verbinden?"*
Denk immer daran: die Person in der Telefonzentrale kann das.

#2: *„Was machen Sie denn so in Ihrem Unternehmen?"*
Diese Frage wird gerne gestellt, wenn sich der Verkäufer schlecht vorbereitet hat.

#3: *„Ich wollte mal fragen, ob die Unterlagen bei Ihnen eingetroffen sind?"*
Hast du die Unterlagen/dein Angebot per Mail verschickt? Warum zweifelst du an den Leistungen des TK-Unternehmens? Setz einfach voraus, dass deine Unterlagen bereits vorliegen und denk an das Ziel deines Gespräches:
„Meine Unterlagen liegen Ihnen ja vor und ich rufe Sie gezielt an ......"

Die 3+2 Schlüsselfragen für jedes erfolgreich geführte Verkaufsgespräch

Es sind 3 Fragen, die im Vorfeld eines Verkaufs- oder Kundengesprächs darüber entscheiden, ob du am Ende erfolgreich bist – oder nicht. Stell dir diese Fragen unbedingt VOR jedem anstehenden Gespräch:

#1: *„Welches Gesprächsziel habe ich?"*

#2: *„Welche WERThaltigen Nutzen-Argumente werde ich präsentieren?"*

#3: *„Wie werde ich auf Kundenbedenken und Einwände reagieren?"*

Und dann frag dich – ebenfalls VOR dem Gespräch:

- *„Kann ich diese Fragestellungen ad hoc beantworten?"* und:
- *„Sind meine Antworten wirklich überzeugend?"*

Nur wenn du mit gutem Gewissen *„Ja"* sagst, startest du von einer guten Ausgangsposition!

Denk immer daran:

- Schlechte Verkäufer lieben die Improvisation.
- Top-Verkäufer dagegen hassen es, unter Druck zu geraten und ergebnislose Gespräche zu führen.

Genau das macht den entscheidenden Unterschied!

Drei Fragen, die du deinem Interessenten auf jeden Fall stellen solltest

Bist du schon mal von einem Interessenten angerufen worden, der dir gesagt hat, dass er den Lieferanten wechseln will und gerne mit dir ins Geschäft kommen will?

Daraufhin gibt es rege Meetings und alle Varianten werden ausgetestet. Und dann wünschen sie von dir ein ausführliches Angebot oder sogar eine umfangreiche Präsentation.

Stopp, stopp, stopp! Wenn du das "**Warum**" hinter den Aktivitäten nicht verstehst, wirst du ein großes Rad drehen ohne Erfolg.

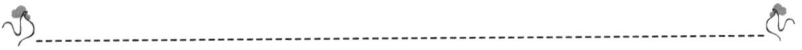

1. Frage: *"Was sind Ihre Gründe, jetzt über eine Veränderung nachzudenken?"* Finde exakt raus, was sie und wie sie es sagen.

2. Frage: *"Was versprechen Sie sich von einem Wechsel?"* Wenn deine Lösung mehr kostet oder schwierig zu installieren ist, dann brauchen sie schon handfeste Gründe für einen Wechsel. Haben sie diese? Wenn nicht, dann vergiss deine weiteren Aktivitäten.

3. Frage: *"Warum wollen Sie den derzeitigen Lieferanten wechseln?"* Möglicherweise hört sich das blöd an, aber die Wahrheit ist, dass keiner gerne den Lieferanten wechselt. Es sei denn, sie haben wirklich triftige Gründe und dann bist du dabei.

Wundere dich nicht was hinter den gesamten Aktivitäten steckt. Manchmal kommt nach diesen drei Fragen schnell zum Vorschein, dass sie ein heißer Interessent sind oder auch nicht. Aber du weißt es, bevor du viel Zeit und Geld investierst.

Stell niemals diese Frage

Anlässlich eines Verkaufstrainings fragte mich Verkäufer Max:

„Werner, nach verschiedenen Verkaufspräsentationen hat sich herausgestellt, dass mein Gesprächspartner überhaupt nicht der Entscheider war. Was mich besonders frustriert ist die Tatsache, dass ich ihn zu Beginn unseres Gespräches gefragt hatte und er mir sagte, dass er der Entscheider sei. Ich verstehe nicht, dass mich solche Personen anlügen und sag mir doch bitte, wie kann ich den Lügner von dem unterscheiden, der mir die Wahrheit sagt."

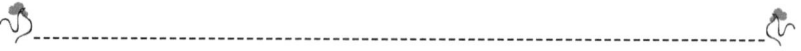

Max ist mit seiner Frustration sicher nicht alleine auf dieser Welt. Viele Verkäufer merken irgendwann im Verkaufsprozess, dass sie mit der falschen Person verhandeln.

Das passiert sehr häufig, wenn entweder der Gesprächspartner selber von sich sagt, dass er der Entscheider ist oder so tut, als sei er der Entscheider. Glaubt ihm der Verkäufer, geht er mit ihm den gesamten Verkaufsprozess durch: Beziehungsaufbau, Bedarfsanalyse, Vorteil-/Nutzenargumentation, Einwand-Strategie, Präsentation der Lösung und Abschluss.

Und dann? Au weia! Irgendwann sagt der angebliche Entscheider: *„Danke für diese großartigen Informationen, ich werde jetzt mit meinem Boss (der Ehefrau, dem Geschäftspartner, meinem Freund, dem Inhaber) darüber sprechen, um eine Entscheidung zu bekommen."*

Du könntest jetzt laut aufschreien!

Du weißt, dass du bereits einige Male in dieser Situation gewesen bist und ich wette, du könntest jetzt laut aufschreien und mit der Faust auf den Tisch hauen. Du willst die Situation retten und fragst nach einem direkten Meeting mit dem BIG BOSS und sie sagen dir: „Der ist heute nicht im Haus!"

Aber wenn du jetzt weiter insistierst, wirst du die Partnerschaft verlieren und der Auftrag rückt in noch weitere Ferne. Das ist eine blöde Situation.

Das Ergebnis: dein Auftrag ist geblockt. Das erzählst du auch deinem Verkaufsleiter und schilderst die Situation noch in bunten Farben. Du stehst jetzt ganz schön dumm da, weil du dich auf die falsche Person eingelassen hast. Ich kenne das. Mir ist das auch oft passiert.

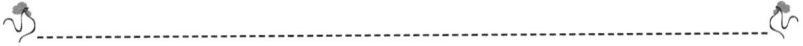

Wieso passiert so was? Wieso kommen die Verkäufer in eine solche Situation?

Lass uns starten mit der Realität. Manchmal gibt es keinen anderen Weg. Manchmal kommst du nicht an den wahren Entscheider heran und dann sprichst du mit dem besten Beeinflusser. Der Schlüssel für diese Situation ist, dass du weißt mit wem du sprichst und du deine Verkaufsstrategie dieser Person anpasst.

In einigen Fällen sprichst du auch mit einer doppelzüngigen Person, die genau weiß, wie das Spiel abläuft. Diese Menschen haben wirklich kein Interesse daran, irgendein Geschäft mit dir zu machen. Sie benutzen dein komplettes Wissen gratis oder sie entlocken dir Preisinformationen, die sie gleich dem derzeitigen Lieferanten mitteilen. Diese Personen wirst du leicht enterkennen, da sie weder an einer Partnerschaft noch an irgendwelchen Zusagen ihrerseits interessiert sind.

Der Grund, warum so viele Verkäufer mit den falschen Personen sprechen liegt darin begründet, dass sie eine einfache, doch tödliche Frage stellen:

„Sind Sie der Entscheider?"

Das ist die Frage, die Topp-20%-Verkäufer niemals in ihrem Leben stellen. Stellst du diese Frage deinem Gesprächspartner, so werden 90% sofort „Ja" sagen.

Die besondere Wahrnehmung:

Warum lügt diese Person so offensichtlich? Dein Gesprächspartner sagt ja nicht, dass er der Entscheider ist – auch wenn er es nicht ist - aus irgendwelchen krankhaften Gründen. Er ist kein schlechter Mensch, um dich zu kränken.

Fragst du deinen Gesprächspartner: *„Sind Sie der Entscheider?"* so startet die kognitive Dissonanz. Sagt dir die Person: *„Nein"*, dann drückt er damit aus, dass er unwichtig ist. Das führt wiederum zu einem Konflikt mit seinem Selbstbild, in dem er sich ja wichtig und bedeutsam fühlt. Und dieser Konflikt führt bei ihm zu mentalem Stress.

Er sagt also: *„Ja"*, weil er sich damit besonders wichtig fühlt. Er sagt das einfach so heraus, ohne nachzudenken.

Und du als Verkäufer bekräftigst seine Lüge mit besonderer Aufmerksamkeit, mit Komplimenten und deinem besonderen Fokus. Das ist wirklich großartig für beide Partner. Allerdings nur bis zu dem Punkt, an dem die Wahrheit auf den Tisch kommt, indem du nach der weiteren Vorgehensweise oder sogar nach dem Auftrag fragst.

Jetzt bricht für deinen Gesprächspartner das Kartenhaus zusammen. In dieser Situation stellt er fest, dass er nichts zu sagen hat, dass er deine kostbare Zeit verschwendet hat und er ein völlig unwichtiger Typ ist.

Stell niemals diese Frage!

Übung #1: Geschlossene Fragen wandeln in offene Fragen

In meinen Trainings stelle ich immer wieder fest, dass sich viele – auch gestandene – Verkäufer sich schwer tun, geschlossene Fragen in offene Fragen umzuwandeln. Deshalb habe ich hier eine Übung für dich. Die Auflösungen findest du ab Seite 381.

Geschlossene Frage:	Offene Frage:
„Haben Sie ein Problem mit Ihrer Internetverbindung?"	„Welches Problem haben Sie mit Ihrer Internetverbindung?"
„Haben Sie schon mal einen Preisvergleich gemacht?"	
„Waren sie zufrieden mit dem Einkauf?"	
„Haben Sie etwa noch weitere Fragen?"	
„Gibt es das Teil auch in grün?"	
„Haben Sie eine Idee, wie Sie diese Informationen bekommen können?"	
„Haben Sie die Entscheidung alleine getroffen?"	
„Sind Sie an neuen Lösungen interessiert?"	
„Gibt es Neuigkeiten zu der Ausschreibung?"	
„Haben Sie eine Entscheidung schon getroffen?"	
„Können Sie mir sagen, wie spät es ist?"	

Übung #2: Negative Aussagen umwandeln in positive Aussagen

Negative Aussage:	Positive Aussage:
„Sie sind ja nicht so weit weg."	„Sie sitzen ja gleich um die Ecke."
„Wir können vor Freitag nicht liefern."	
„Die lokale Präsenz finde ich nicht unwichtig."	
„Es ist nicht unüblich, dass ...."	
„Damit stellen wir sicher, dass Ihnen nichts entgeht."	
„Dann spricht doch nichts dagegen, dass wir den Vertrag jetzt unterschreiben."	
„Der Verkaufstrainer ist ja nicht ganz unerfahren."	
„Die Dame ist nicht ganz unvermögend."	
„Drei weitere Netzkarten brauchen Sie nicht?"	
„Das ist nicht schlecht."	
„Es hat durchaus nicht unrecht."	
„Wer nicht reist, liegt nicht im Trend."	

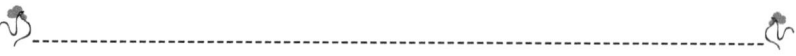

Übung #3: Aussagen mit Weichmachern umwandeln in eine zielorientierte positive Sprache

Weichmacher:	Zielorientiert:
„Herr Ober, kann ich bitte bezahlen?"	„Herr Ober, bringen Sie mir bitte die Rechnung."
„Ich wollte mal fragen, ob mein Angebot bei Ihnen eingetroffen ist."	
„Seit wann sind Sie hier beschäftigt? Wenn ich mal fragen darf?"	
„Können Sie mir das mal erklären?""	
„Würden Sie diesen Sachverhalt bitte prüfen?"	
„Frau Müller, dürfte ich Sie mal was fragen?"	
„Herr Schneider, würden Sie das bitte zur Kenntnis nehmen?"	
„Es wäre auf jeden Fall zu überlegen."	
„Könnte ich den Auftrag von Ihnen noch heute bekommen?"	
„Können Sie das noch einmal wiederholen, ich habe das nicht verstanden."	

Weichmacher:	Zielorientiert:
„Kann ich etwas für Herrn Hoppe notieren oder möchten Sie es später nochmal versuchen?"	
„Darf ich dann zwei oder lieber drei Paletten notieren?"	
„Möchten Sie die Lieferung einzeln oder dürfen wir die Bestellungen zusammenlegen?"	

Stufe #4: Vorteil-/Nutzenargumentation

Was verkaufst du in deinem Unternehmen? Verkaufst du Produkte?

Deine Ware selbst ist ein totes Produkt. Sie wird erst lebendig, durch ihre Eigenschaft, dem Kunden zu dienen und dessen Wünsche zufrieden zu stellen.

Eine wichtige Aussage im Verkauf heißt also: *„Kein Mensch kauft ein Produkt, er kauft das, was das Produkt für ihn ganz konkret leistet."*

- Als du dein Smartphone gekauft hast, hast du da ein Mobiltelefon gekauft? Oder hast du es gekauft, damit du immer und überall erreichbar bist? Oder hast du das iPhone gekauft, um damit anzugeben?

- Als du dein erstes Auto gekauft hast, hast du da ein Auto gekauft? Oder hast du es gekauft, um mobil zu sein?

- Als du deine ersten Möbel gekauft hast, hast du da eine Couch gekauft? Oder hast du da die Gemütlichkeit gekauft?

Es leuchtet ein, dass die Verkaufsarbeit leichter und gewinnbringender ist, wenn du anstatt einer Ware die Ersparnis, die Sicherheit, die Zweckmäßigkeit, die Bequemlichkeit, die Mobilität usw. anbieten kannst, denn die Ware/das Produkt ist nur Mittel zum Zweck und deswegen für dich als Kunde von zweitrangiger Bedeutung.

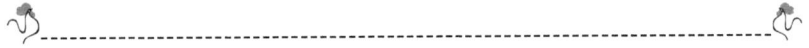

In der Tat spiegelt sich diese Überlegung auch im Unterschied zu den Verkaufsergebnissen derjenigen Verkäufer wider, die nur die Ware verkaufen können und jenen, die gelernt haben, die Idee hinter der Ware zu verkaufen.

In der Auswertung dieser Erkenntnis unterscheidet sich häufig der Verkäufer von dem Topp-20%-Verkäufer. Und du willst ja letztendlich zu den Topp-20%-Verkäufern gehören und deswegen hast du ja dieses Buch gekauft.

Die sechs wichtigsten Kaufmotive

Mit den anschließenden Fragen findest du ganz schnell heraus, was die individuellen Kaufmotive deines Gesprächspartners sein können.

Kaufmotiv #1: Profit: Gewinnstreben, Spartrieb, Zeitgewinn und Geld sparen

- *Wie verdienen deine Kunden mit deinem Produkt mehr Geld?*
- *Wie nutzt dein Kunde seine bestehende Investition besser mit deinem Produkt?*
- *Wer zahlt deinem Kunden für die Investition in das Produkt noch etwas hinzu?*
- *Welche Ausgaben fallen für den Kunden durch das Produkt weg?*
- *Wie spart dein Kunde mit dem Produkt Zeit und Geld?*
- *Wie kann dein Kunde sich zeitsparend auf Wichtigeres (oder etwas, das er/sie lieber tut) konzentrieren?*
- *Wo oder wie verliert dein Kunde etwas, wenn er nicht davon Gebrauch macht?*

Kaufmotiv #2: Selbsterhaltung, Gesundheit, Risikofreiheit, Sorgenfreiheit

- *Wie fühlt sich dein Kunde sicherer durch Ihr Produkt?*
- *Wie verbessert das Produkt die Gesundheit oder Lebensgrundlage des Kunden?*
- *Welche Unannehmlichkeiten vermeidet dein Kunde durch den Einsatz deines Produktes und welche Sorgen muss er sich nicht mehr machen?*
- *Wie sichert dein Produkt den Fortbestand des Unternehmens oder den Lebensstandard deines Kunden?*
- *Welche Probleme bekommt dein Kunde, wenn er nicht davon profitiert?*

Kaufmotiv #3: Bequemlichkeit, Ästhetik, Schönheitssinn

- *Wie steigert das Produkt den Komfort und die Bequemlichkeit und warum fühlt sich dein Kunde besser?*
- *Wie macht es das Leben des Kunden schöner und/oder ästhetischer?*
- *Wie verbessert dein Produkt die Atmosphäre und/oder das Klima?*
- *Welche negativen Folgen treten auf, wenn er weiterhin mit der Kaufentscheidung wartet?*

Kaufmotiv #4: Stolz, Prestige, Anlehnungsbedürfnis, „in sein", „dabei sein"

- *Wodurch gewinnt dein Kunde dank deines Produktes an Ansehen und Prestige?*
- *Wo ist dein Kunde der Erste/der Einzigartige mit deinem Produkt?*
- *Bei wem erweckt dein Kunde Träume und Anerkennung, wenn er das Produkt hat?*
- *Welcher Zeuge (Herr/Frau/Kunde/Zeitschrift/Sendung) empfiehlt dein Produkt an Ihren Kunden weiter?*
- *Wie sind deine Kunden „in" mit diesem Produkt?*

- *Zu welcher Gruppe möchte dein Kunde auch gehören, bei dem er gerne „dabei" wäre?*
- *Was verpasst dein Kunde, wenn er nicht bestellt?*

Kaufmotiv #5: Vergnügen, Großzügigkeit, Schenkungstrieb, Sympathie, Liebe zur Familie

- *Wie macht dein Produkt dem Kunden Spaß und steigert seine Lebensfreude?*
- *Wie kann sich dein Kunde mit Ihrem Produkt selbst etwas Gutes tun?*
- *Wie kann Ihr Kunde mit Ihrem Produkt anderen etwas Gutes tun und seine Sympathie und Großzügigkeit zeigen?*
- *Wie drückt dein Kunde mit dem Produkt seine Liebe zur Familie aus?*
- *Welche negativen Folgen treten auf, wenn der Kunde sich nicht entscheidet?*

Kaufmotiv #6: Ökologie und Umwelt

- *Wie gesund ist das Produkt?*
- *Wie umweltgerecht wird das Produkt hergestellt?*
- *Wie schädigt das Produkt die Umwelt nachhaltig?*
- *Wie drückt dein Kunde mit dem Produkt seine Liebe zur Familie aus?*
- *Welche negativen Folgen treten auf, wenn der Kunde sich nicht entscheidet?*

Deine einzigartige NUTZEN-Argumentation

Ohne eine starke NUTZEN-Argumentation ist es in der heutigen Zeit verdammt schwer, deine Produkte und Dienstleistungen zu verkaufen. Gerade wenn dein Ziel darin besteht, auch in größeren Unternehmen zu verkaufen. Aber was ist denn überhaupt ein Nutzen? Und was ist der Unterschied zu Merkmalen, Produktvorteilen, Produkteigenschaften etc.?

Produktmerkmale:

Das sind die Eigenschaften, Features, Bestandteile eines Produkts. Es kann sich dabei um die Lebenszeit, eine Leistung/Funktion, das Gewicht, die Handhabung, die Integration in bestehende Prozesse handeln. Merkmale haben rein deskriptiven* Charakter.

Beispiele:
„Der automatische Mäher hat eine Mähleitung von 3 qm/Minute."
„Ich biete Praxis-Trainings an, bei denen Sie schon im Training anhand Ihrer 1:1-Praxisfälle alle neuen Techniken einüben."
„Die neue Kamera hat einen 24-fachen optischen Zoom."

Vorteile:

Sie zeigen, inwieweit die Merkmale des Produktes für den Kunden eine Hilfe sein können.

Vorteile liegen auf der Höhe des vermuteten Bedarfs.

Beispiele:
„Der automatische Mäher spart aufgrund seiner Effizienz 25% Arbeitszeit."
„Sie werden einen höheren Praxistransfer mit meinen Trainings erzielen."

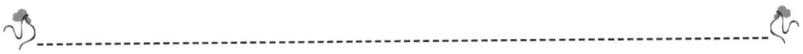

Nutzen:

Der Nutzen ist immer konkret greifbar und vor allem bei jedem Kunden individuell. Darin unterscheidet er sich vom Vorteil. Er stellt die Übersetzung der Vorteile dar: In wie weit wird Ihr Produkt dem Kunden ganz konkret helfen, weil es einen konkreten Bedarf deckt? Auf dieser Argumentationsschiene haben Sie die mit Abstand höchste Erfolgschance.

Beispiele:
„Sie sparen durch den Einsatz des neuen Mähers zwei Saisonkräfte ein."
„Nach dem Training werden Ihre Vertriebler ihre Erfolgsquote am Telefon verdoppeln."

Das Ziel ist also, mit den nutzenbezogenen Argumenten die Gedanken des Gesprächspartners zu führen.
Statt zu sagen: *„Dieser Anzug ist knitterarm"* ist es besser zu sagen mit der Nutzen-Argumentation:

„Dieser Anzug ist knitterarm, das bedeutet für Sie als Verkäufer, dass auch nach 200 KM Autofahrt keine Druckfalten Ihr Sakko verunzieren und Sie bei Ihrem Kunden eine gute Figur machen.

Wie wichtig ist das für Sie?"

Eine NUTZEN-Argumentation wird in vielen Fällen gerne verwechselt mit der

- „Blitzpräsentation" („elevator speech") oder
- dem „Alleinstellungsmerkmal", dem USP – der „unique selling proposition"

Ein „Blitzpräsentation" ist deine Aussage während einer Aufzugsfahrt in der du 30 Sekunden Zeit hast, deinen mitfahrenden Gesprächspartner zu überzeugen. Im Regelfall besteht deine Aussage aus zwei Sätzen, in denen du erläuterst, mit wem du zusammenarbeitest, wie du diese Unternehmen unterstützt und was diese Unternehmen von einer Zusammenarbeit mit dir haben.

Damit erreichst du es, innerhalb von 12 Sekunden deine Botschaft zu vermitteln. Angewendet wird diese Vorgehensweise verstärkt bei Network-Veranstaltungen, um das Ergebnis auf den Punkt zu bringen und um die Diskussion zu stimulieren.

Hier kommen einige Aussagen von Verkäufern, die beschreiben, was sie so tun:

- *„Ich arbeite mit Unternehmen zusammen, die das Ziel haben, ihre Produkte und Dienstleistungen in größeren Unternehmen zu vermarkten."*
- *„Wir unterstützen Technologie-Unternehmen dabei, mit den bestehenden Kundeninformationen Zusatzgeschäfte zu tätigen."*
- *„Wir haben uns darauf konzentriert, die Anzahl der verloren gegangenen Aufträge zu reduzieren."*
- *„Ich unterstütze kleine Unternehmen bei der Bewältigung der offenen Posten."*

Eine Blitzpräsentation ist die Basis einer NUTZEN-Argumentation, bei der die Spezifikationen außen vor bleiben, die in dem Gesamtmarkt eine Rolle spielen.

Ein „Alleinstellungsmerkmal" ist die Aussage, was dich und dein Unternehmen von anderen Lieferanten unterscheidet. Es dient mehr dazu, die Unterschiede herauszuarbeiten.

Ein USP wird in den meisten Fällen in Marketing-Unterlagen verwendet oder in Gesprächen mit Interessenten, die bereits Kaufinteresse zeigen.

Hier kommen einige gute Alleinstellungsmerkmale:
- „Wir arbeiten ganz speziell mit einigen Banken zusammen."(Speziell)
- „Wir garantieren eine Reaktionszeit von vier Stunden – ansonsten bekommen Sie Ihr Geld zurück." (Garantie)
- „Wir setzen exklusiv dazu ein spezielles Werkzeug mit der Bezeichnung ‚Winkelmesser' ein, um die exakten Daten zu ermitteln." (Methode)

Der USP ist immer dann einzusetzen, wenn dein Interessent bereits die Entscheidung getroffen hat, zu kaufen. Bei Kunden, die kein Interesse zeigen, etwas am Status quo zu verändern, bringt dich der USP nicht weiter.

Auch wenn deine Kunden frustriert sind über die derzeitige Situation, wirst du mit dem USP nicht punkten, da keine Chance für eine Veränderung besteht. USP sind mehr gefragt in der B2C-Welt und weniger in der B2B-Welt.

Sowohl die Blitzpräsentation als auch der USP sind verwand mit der NUTZEN-Argumentation, aber drücken noch nicht den werthaltigen Nutzen in dem entsprechenden B2B-Markt aus.

Eine werthaltige NUTZEN-Argumentation ist eine klare Aussage über das, was es ihm ganz konkret bringt, wenn der Interessent/Kunde deine Produkte oder Dienstleistungen einsetzt. Es ist ergebnisorientiert und betont den werthaltigen Nutzen deines Angebotes.

Eine starke NUTZEN-Argumentation ist spezifisch und beinhaltet eine klare Ziffernangabe oder einen Prozentsatz. Dabei kannst du dich auf die bisherigen Ergebnisse bei bestehenden Kunden beziehen und präsentieren. Hier kommen einige weitere Beispiele:

„Wir unterstützen Unternehmen dabei, die Verwaltungskosten im Bereich Personal zu reduzieren. Mit dem Einsatz unserer Software haben wir bei einem Unternehmen mit 450 Mitarbeitern die Kosten im ersten Jahr bereits um 113.475 Euro gesenkt – ohne dass es zu Veränderungen im Personalbereich kam. Wie interessant ist das für Sie?"

„Ich unterstütze Unternehmen Ihrer Größenordnung bei der Freigabe neuer Produkte, damit die Vertriebsorganisation effizienter arbeiten kann. Sie erreichen dadurch schneller mehr Aufträge uns somit mehr Umsatz. Welche Bedeutung hat das für Ihr Unternehmen?"

Denk bitte immer daran, bei der NUTZEN-Argumentation die spezielle Kundensprache zu verwenden. Interessenten sollten immer ein klares Bild davon bekommen, was sie durch den Einsatz deiner Produkte und/oder Dienstleistungen erreichen.

Bei meinen Trainings höre ich immer wieder – und auch von gestandenen Verkäufern – eine äußerst dürftige NUTZEN-Argumentation. Das betrifft Verkäufer aus allen Branchen und Unternehmen aller Größen – vom Kleinbetrieb bis hin zum DAX-Konzern. Sie sagen nie die Punkte, die bei dem Gesprächspartner ein: *„Darüber will ich mehr wissen, lassen Sie uns einen Termin vereinbaren"* auslösen.

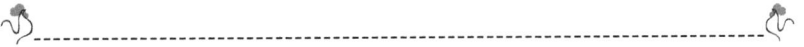

Was mich besonders ärgert ist die Tatsache, dass diese Verkäufer ein sehr werthaltiges Produkt zu einem marktgerechten Preis verkaufen und es doch einfach für sie sein müsste, die Botschaft klar zu adressieren. Sie können den Nutzen nicht in Worte fassen und scheitern spätestens beim Entscheider. Sie hangeln sich durch den Verkaufsprozess und kriegen den Fuß nicht in die Tür.

Bei meinen Trainings höre ich folgende schwache NUTZEN-Argumentation:
- *Das ist das System mit der neuesten Technologie*
- *Wir bieten das Basissystem mit einer umfangreichen Anwendungspallette*
- *Unser System wurde von der Test AG mit der Note „GUT" ausgezeichnet*
- *Wir sind in dem Bereich der Anbieter mit den günstigsten Preisen*
- *Wir bieten da eine einfache Kaufvariante an*
- *Mit der Ausstattung decken wir alle Anforderungen der verarbeitenden Industrie komplett ab*

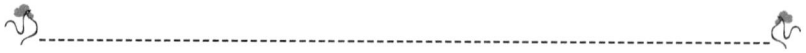

Service-Unternehmen und Einzelkämpfer sagen oft:

- *Ich bin Consultant und habe mich spezialisiert auf SAP- und SAGE-Programme*
- *Wir designen Broschüren, Internetseiten, Flyer und Briefpapier*
- *Wir entwickeln neue Kreativität und Innovation in Unternehmen*
- *Ich helfe Firmen dabei, die richtige und neueste Technologie auszuwählen*
- *Ich bin Steuerberater und kenne mich in der Unternehmensbesteuerung bestens aus.*

Ist doch grauslich! Wenn du so bist, wie viele andere Menschen auch, dann fragst du dich doch: So, und? Warum sollte mich das interessieren? Warum sollte ich meine kostbare Zeit mit dir verplempern?"

Zusätzlich werden immer noch gerne bestimmte Wörter eingesetzt, die den Gesprächspartner vom Hocker reißen sollen. Dazu gehören: die Besten, die Führenden, Europas bester Verkaufstrainer, die Einzigartigen, Superprodukte etc. Bei solchen Übertreibungen schaltet doch jeder Gesprächspartner sofort ab. Diese Wörter sind unglaubwürdig und schmälern meine Kernbotschaft.

Hier gebe ich dir noch ein Beispiel aus der Logistik:

Variante #1:
„*Ich rufe Sie an, weil ich Ihnen eine Software verkaufen will, mir der Sie Ihre LKW-Flotte überwachen können.*"
Wer lässt sich schon gerne etwas verkaufen?
Ende des Akquisitions-Telefonats.

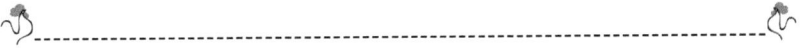

Variante #2 – die richtige und professionelle Variante:

„Prima, Herr Müller, ich rufe Sie an, weil wir einige Transportunternehmen dabei unterstützt haben, die Ladekapazität Ihrer LKWs um bis zu 40% zu steigern. Derzeit verspüren ja viele Speditionen starken Druck bei den Margen.

Ist es okay für Sie, wenn ich Ihnen drei Fragen stelle um zu prüfen, inwieweit Ihr Unternehmen ebenfalls davon profitieren kann?"

Bis auf die Variante #4 weißt du jetzt, was nicht funktioniert. Jetzt ist die Zeit, die Katze aus dem Sack zu lassen und zu zeigen, wie es richtig gemacht wird.

Der Nutzen ist immer konkret greifbar und vor allem bei jedem Kunden individuell. Darin unterscheidet er sich vom Vorteil.

Er stellt die Übersetzung der Vorteile dar: In wie weit wird dein Produkt dem Kunden ganz konkret helfen, weil es seinen konkreten Bedarf deckt?

Auf dieser Argumentationsschiene hast du die mit Abstand höchste Erfolgschance.

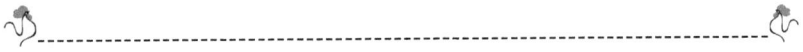

Besonderer Hinweis: eine werthaltige NUTZEN-Argumentation öffnet schneller die Türen. Nimm dir die Zeit und denke intensiv über den Nutzen deiner Produkte und Dienstleistungen nach – es ist eine gute Investition in künftige Erfolge.

Geschäftliche Terminologie

Eine starke werthaltige NUTZEN-Argumentation wird immer in einer geschäftlichen Terminologie ausgedrückt. Kunden und Interessenten sind solchen Ausdrücken gegenüber sehr aufgeschlossen:

- Umsatzsteigerung
- Kostenminimierung
- Erhöhung des Marktanteils
- Schnellere Antwortzeiten
- Mehr Abschlüsse pro Kunde
- Reduzierung der Lieferkosten
- Steigerung des Anlagevermögens
- Verkürzung des Profit-Zyklus
- Verringerung des Verkaufs-Zyklus
- Produkte schneller dem Markt zur Verfügung stellen
- Steigern des operativen Einsatzes
- Geringere Wartungskosten
- Verringerter Wareneinsatz
- Höhere Komponentendichte
- Risiko-Minimierung
- Häufigere Kollektionen
- Reduzierung der operativen Ausgaben
- Reduzierung der Arbeitskosten
- Reduzierung der Vertriebskosten

- Schnellerer Inventurdurchlauf
- Höhere Ladekapazitäten
- Steigerung der Neukundengewinnung
- Meine Produkte und Dienstleistungen:

- ....

- ....

- ....

- ....

Bist du mit deinem Business in der Lage, einige dieser Komponenten zu erfüllen? Oder mit so ähnlichen? Vielleicht hast du noch nie über diese Terminologie noch nie nachgedacht. Aber das wollen deine qualifizierten Gesprächspartner hören, wenn du mit ihnen sprichst. Es ist der werthaltige NUTZEN.

Denk darüber nach, wie du das was du tust, in die Sprache deiner Gesprächspartner übersetzen kannst. Erinnere dich: es interessiert sie keine Bohne, was deine Produkte machen, wie schnell sie sind, wie effizient sie sind etc. Es geht hier nur um das Ergebnis: *„Was bringt mir das?"*

Findest du die richtigen Worte passend zu deinem Angebot, dann wirst du gleich eine Veränderung bei deinen Gesprächspartner feststellen. Sie wollen einfach mehr wissen.

Sehr schlecht:
Die meisten Verkäufer verkaufen die Produkteigenschaften.

Schlecht:
Bessere Verkäufer verkaufen Produktvorteile.

Sehr gut:
Topp-20%-Verkäufer verkaufen Kundennutzen.

Die richtige NUTZEN-Argumentation

Mit der richtigen NUTZEN-Argumentation wirst du schneller zu Terminen mit den Entscheidern kommen. Du hast ja sicher schon festgestellt, dass deine Gesprächspartner immer weniger Zeit haben, um sich mit irgendwelchen Verkäufern zu treffen. Da ist es wichtig, mit entsprechenden Nutzenargumenten direkt ins Schwarze zu treffen und so die Sprache der Entscheider zu sprechen.

Deine werthaltige und nutzenorientierte Argumentation solltest du ebenfalls einsetzen:

- Bei der Entwicklung eines Gesprächsleitfadens am Telefon um den Nutzen in 12 Sekunden (Match-Pitch) zu vermitteln
- In einem Akquisitionsbrief an deine Kunden
- Als ein Marketinginstrument für die unterschiedlichen Aktivitäten in allen Unterlagen
- Als Basis für deine individuellen Präsentationen etc.

Aufgrund meiner Begleitung von über 1.950 Verkäufern gibt es noch einen Punkt, der mir doch sehr am Herzen liegt. Diese NUTZEN-Argumentation wirst du nur überzeugend darstellen, wenn du von dir, dem Unternehmen und seinen Produkten wirklich überzeugt bist.

Deswegen kommen hier die 3+1 Glaubenssätze:
- *Ich glaube an mich.*
- *Ich glaube an das Unternehmen.*
- *Ich glaube an die Produkte und Dienstleistungen.*
- *Ich glaube, dass meine Kunden mit unseren Produkten und Dienstleistungen einen echten Nutzen erzielen werden.*

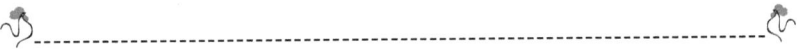

Fehlt dir der Glaube an einem Punkt, dann merkt das dein Kunde sofort an deiner Stimme und deiner Körpersprache.

Eine werthaltige und nutzenorientierte Argumentation ist immer eine klare Aussage mit messbaren Ergebnissen. Je detaillierter diese Werte sind, umso schneller kommen die positiven Ergebnisse.

Kunden und Interessenten interessiert überhaupt nicht, was du verkaufst. Sie sind nur daran interessiert, was es ihnen bringt. Deswegen ist heute die Antwort auf die Frage: *„Was bringt mir das?"* so wichtig. Das ist dann eine ganz klare Aussage über das, was dein Kunde letztlich davon hat, sobald er deine Produkte oder Dienstleistungen einsetzt.

Damit es dir gelingt, eine kraftvolle und überzeugende NUTZEN-Argumentation zu erstellen, habe ich für dich diesen NUTZEN-Generator entwickelt:

„Kein Kunde kauft jemals ein Produkt.
Er kauft immer das,
was das Produkt konkret für ihn leistet."

Kauft ein Interessent ein Klimagerät, weil es eine Leistung von 3.500 Watt hat und die Raumluft um bis zu 15 Grad abkühlt? Oder kauft er, weil das Unternehmen bereits 1898 gegründet wurde und die Ingenieure jedes Jahr Hunderte von Patenten anmelden?

Er kauft es, weil er in seiner Wohnung **nie mehr schwitzen** muss.

Weil der Sommer für ihn **viel schöner**, entspannter und erholsamer ist trotz großer Hitze. Und weil sein neues Klimagerät **völlig lautlos** arbeitet.

NUTZEN-Erwartungen deiner Gesprächspartner

Nutzenerwartungen von Einkäufern:

- Einfache Bestellvorgänge,
- geringer Verwaltungsaufwand
- Übersichtliche Anzahl von Lieferanten, damit verbundene Bündelung von Einkaufsmengen und Anzahl der Bestellungen
- Zuverlässige, termingerechte Abwicklung,
- flexible und schnelle Lieferung
- Attraktives Preis-/Leistungs-Verhältnis
- Ein kompetenter Ansprechpartner im Unternehmen

Nutzenerwartungen von Technikern:

- Zuverlässige Technik, sichere Funktionen
- Reibungsloser Produktionsablauf als Grundlage für eine kostenoptimierte Fertigung
- *„Stand der Technik"*, raffinierte technische Lösungen
- Kompatibilität
- Geringe Durchlaufzeiten, einfache Produktionsprozesse
- Berücksichtigung bestehender Abläufe
- Einfache Bedienung, Verarbeitung, Wartung
- Vereinfachung, Verkleinerung, Gewichtsersparnis usw. von Elementen und Baugruppen

Nutzenerwartungen von Geschäftsführern:
- Auswirkungen auf Gewinn, Kosten, Umsatz, Image, Betriebsklima, Organisation
- Strategische Aspekte wie Erzielen von Wettbewerbsvorteilen
- Verminderung von Risiken
- Einsatz innovativer Produkte
- Reibungsloser Ablauf in der Produktion
- Reduzierung der Durchlaufzeiten von neuen Projekten
- Steigerung der Lebensqualität bei allen Mitarbeitern
- Motiviertes Verkaufsteam
- Begeisterung im Tagesgeschäft
- Weniger Stress, Krankheit und mentale Müdigkeit

Einige Beispiele für eine Vorteil-/NUTZEN-Argumentation

Beispiel #1:

Produkt:	PKW mit Automatik-Getriebe
Produkt-Merkmal:	Automatik
Vorteil:	Automatisches Rauf- und Runterschalten
Brückensatz:	Das bedeutet für Sie...
Nutzen:	Entspanntes Fahren
	Volle Konzentration auf den fließenden Verkehr
Abschließende Frage:	Wie interessant ist das für Sie?
Kaufmotiv:	Sicherheit, Bequemlichkeit

Beispiel #2:

Produkt:	Digitalkamera
Produkt-Merkmal:	24facher optischer Zoom
Vorteil:	Weit entfernt stehende Objekte werden herangeholt und Sie ersparen sich den Weg ins Wildgehege
Brückensatz:	Das bedeutet für Sie...
Nutzen:	Sichere Aufnahmen von Raubtieren in freier Wildbahn
Abschließende Frage:	Zahlen Sie bar oder mit Karte?
Kaufmotiv:	Sicherheit

Beispiel #3:

Produkt:	Kopierer
Produkt-Merkmal:	Sortierfach
Vorteil:	Sortiert die Kopien automatisch
Brückensatz:	Damit erreichen Sie, dass
Nutzen:	Die Kopiervorgänge erheblich schneller abgewickelt werden
Abschließende Frage:	Was bedeutet das für Ihr Unternehmen?
Kaufmotiv:	Gewinn, Sicherheit, Hohe Anmutungsqualität der Unterlagen

Beispiel #4:

Produkt:	Mähmaschine
Produkt-Merkmal:	Der automatische Mäher hat eine Mähleitung von 3 qm/Minute.
Vorteil:	Aufgrund seiner Effizienz spart der neue Mäher 25% Ihrer Arbeitszeit."
Brückensatz:	Konkret für die von Ihnen zu mähende Fläche bedeutet das, dass
Nutzen:	Sie durch den Einsatz des neuen Mähers zwei Saisonkräfte ein sparen.
Abschließende Frage:	Was heißt das konkret in Euro?
Kaufmotiv:	Gewinn,

Übungen

Beispiel #5 - Übung

Produkt:	Anzug/Kostüm
Produkt-Merkmal:	Besonderer Stoff
Vorteil:	
Brückensatz:	
Nutzen:	
Abschließende Frage:	
Kaufmotiv:	

Beispiel #6 - Übung

Produkt:	Software
Produkt-Merkmal:	Speziell für Speditionen
Vorteil:	
Brückensatz:	
Nutzen:	
Abschließende Frage:	
Kaufmotiv:	

Die Lösungen findest du auf Seite 322/323.

Wenn Interessenten und Kunden keine Produkte kaufen, was kaufen sie?

Wir verkaufen anstelle von:	Sondern die Idee:
Möbel	Gemütlichkeit
Fertigmenu	Einfache Zubereitung
Haar Gel	Gutes Aussehen
Kleidung	Besseres Selbstwertgefühl
Flugtickets	Ferienerlebnisse
Verpackung	Unbeschädigte Lieferung
Versicherungen	Sicherheit
10 mm Bohrer	Bohrloch 10 mm
Tageszeitung	Informationen, Bildung
Rollstuhl	Mobilität
Mercedes	Mobilität, Sicherheit, Prestige
iPhone	Life-Style, Prestige
Verkaufstraining	Mehr Termine. Mehr Umsatz.
Teamtraining	Schnellere Projekt-Realisierung

Deine Interessenten kaufen nicht über den Preis. Sie kaufen den Wert und den Nutzen

Niemand wird bei dir kaufen, wenn er nicht erkennt, was ihm deine Produkte oder Dienstleistungen nun wirklich bringen. Wenn das jeder deiner Kunden/Interessenten erkennt, dann spricht doch wirklich keiner mehr über den Preis, oder?

- Einer von sechs Kunden ist ein reiner Preiskäufer, es zählt für ihn nur der Preis.
- Einer von sechs Kunden kauft nur über Wert und Nutzen.
- Bei vier von sechs Kunden spielt der Preis **eine** Rolle, nicht **die** Rolle!

Das bedeutet doch, dass 83% deiner Interessenten und Kunden offen sind für deine WERThaltigen und NUTZEN orientierten Argumente (wenn du sie hast ...).

Warum verbringst du deine Zeit mit Preisdrückern, wenn sich 83% für deine Produkte und Dienstleistungen interessieren und nicht über den Preis kaufen?

Okay, wenn der Preis nicht für sie im Mittelpunkt steht, welche anderen Faktoren spielen eine Rolle?

Bei einer Umfrage unter 1.963 Führungskräften ergab sich folgendes Ranking (es gab 24 Punkte zu bewerten, davon 8 produktbezogene, 8 unternehmensbezogene und 8 verkäuferbezogene Punkte):

1. Qualität und Leistung
2. Kundenservice
3. Fachwissen der Verkäufer
4. Produkt-Verfügbarkeiten
5. Lieferant steht hinter der Leistung, die er verkauft
6. Einfache Bestellvorgänge
7. Verkäufer hält seine Versprechen ein
8. Glaubwürdigkeit und Zuverlässigkeit des Verkäufers
9. Haltbarkeit des Produktes
10. Es gibt einen festen Ansprechpartner
11. Der Preis
12. Die technische Unterstützung

Bevor du also auf den Preis zu sprechen kommst, solltest du die Punkte 1 bis 10 angesprochen haben. Dein Wissen, deine Projektunterstützung, deine Glaubwürdigkeit und deine Verfügbarkeit spielen eine wesentlich größere Rolle im Verkaufsprozess. Da gibt es tatsächlich 10 Punkte, die für deine Kunden und Interessenten wichtiger sind als der PREIS – Hurra!

Deine Kunden stellen den Preis nur dann in den Vordergrund, wenn sie

a) den Nutzen nicht erkennen oder
b) sie dir nicht vertrauen.

So einfach kann das Leben als Verkäufer sein.

Glaubst du denn wirklich, dass du mehr verkaufst, wenn du deinen Preis reduzierst? Stehst du vor der Entscheidung, deinen Preis zu belassen oder zu reduzieren, dann solltest du sicher sein, dass du dich nicht um Kopf und Kragen redest.

Mit jeder Preisreduzierung hinterlässt du den Eindruck, dass dein Unternehmen, deine Kollegen und deine Produkte nicht so gut sind wie die der Mitbewerber. Du ordnest dich selber ein als Nummer zwei, drei oder vier auf dem Markt. Zwischen den Zeilen sagst du deinen Kunden, dass du weniger kreativ bist als die Konkurrenz und deine einzige Waffe nur noch der reduzierte Preis ist: *„Unser größter Vorteil ist unser Preis!"*

Was bedeutet das für deine Kollegen? Sie gehen davon aus, dass ihre Produkte eine geringere Qualität haben als die Produkte der Konkurrenz. Durch diese Annahme sind sie weniger motiviert, erstklassige Produkte herzustellen. Durch deine Preisargumentation über den Preis ergibt sich eine „Selbsterfüllende Prophezeiung" und das beeinflusst ganz dramatisch wiederum deine Stellung draußen im Markt.

Wie beeinflusst eine Preisreduzierung dich als Verkäufer? Dein Vertrauen in das Unternehmen und seine Produkte und Dienstleistungen fängt an zu wanken. Wie willst du dich in einer Verkaufssituation bewähren, wenn die Qualität das einzige wichtige Kriterium ist? Ist es möglich, dass du dich selbst ins psychologische Abseits manövriert hast und du nicht mehr mitreden kannst? Wenn das so ist, dann merkt dein Kunde das sofort: es steht in deinem Gesicht geschrieben!

Was passiert wenn du den Preis senkst? Dein Profit geht nach unten, es steht weniger Kapital für die Entwicklung neuer Produkte zur Verfügung, es gibt keine Provisionen mehr, Qualitätskontrolle und die administrative Unterstützung werden zurückgefahren.

Werden diese Ressourcen verändert, weil es an dem Gewinn fehlt, dann verlierst du langfristig gegenüber deiner Konkurrenz. Das bedeutet noch weniger profitable Aufträge für dich.

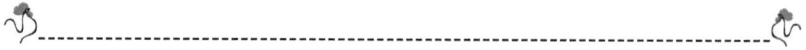

Und jetzt setzt die Todesspirale ein: um an weitere Aufträge zu kommen, musst du noch mehr an der Preisschraube nach unten drehen. Am Ende der Todesspirale steht die Insolvenz.

Stufe #5: Einwand-Strategie

Vorwand? Einwand? Oder Kaufsignal?

Meinung, Vorwand, Einwand? Wo liegen konkret die Unterschiede? Tatsache ist, dass in den meisten Fällen der erstgenannte Grund nicht der wahre Grund ist. Deswegen gilt es zu hinterfragen. Nur: die Herkunft einer Meinung ist genau so unbekannt wie die Ursache für einen Vorwand.

Vorwände sind nur vorgeschoben, oftmals hast du bei Vorwänden nichts Greifbares, mit dem du argumentieren kannst. Klassische Vorwände sind: *„Kein Bedarf"*, *„Kein Interesse"*. Oder auch *„Keine Zeit"* können Vorwände sein, denn grundsätzlich hat doch jeder von uns 24 Stunden am Tag (oder 86.400 Sekunden/Tag) Zeit.

Der Unterschied liegt lediglich in der Prioritätenfolge. Wie oft bist du schon in ein Gespräch gegangen und dein Interessent sagte dir: *„Ich habe wenig Zeit"* und erst nach einer Stunde war das Gespräch beendet. In diesem Fall hat sich die Priorität deines Gesprächspartners verändert. Plötzlich waren deine Themen für ihn so interessant, dass er mit dir darüber sprechen wollte.

Bei Vorwänden fehlt die Begründung. Der Klassiker: *„Keine Zeit"* ist für mich ein Vorwand, allerdings: *„Keine Zeit, weil ich jetzt in ein Meeting muss"* oder *„Keine Zeit, weil ich dringend zum Zahnarzt muss"* gehören schon wieder zum Einwand.

Einwände sind auch konkret, d.h. zum Beispiel: „*Ich habe schlechte Erfahrungen mit Ihrem Unternehmen gemacht*" oder „*Sie sind viel zu teuer*" oder „*Das passt nicht zu unserem System*" oder „*Da habe ich ein viel günstigeres Angebot von Ihrer Konkurrenz*". Hier kannst du gezielt argumentieren.

Der Einwand, der auf einer Meinung beruht, kann durch behutsame Überzeugungsarbeit zerstreut werden. Das ist jedoch nur möglich, wenn er direkten Einfluss auf das Ergebnis hat. Bei einem Vorwand wird das nie gelingen, da er ausschließlich dazu dient, den wahren Grund zu verbergen.

Je schlampiger du in der Bedarfsanalyse gearbeitet hast, umso mehr Hinweise kommen von deinem Gesprächspartner. Deswegen: konzentrier dich auf die Bedarfsanalyse, stell viele offene Fragen und du wirst viele Informationen erhalten.

Schlag deinen Interessenten mit seinen eigenen Argumenten! Wie das funktioniert? Wenn du weißt, dass dein Produkt teurer ist als andere auf dem Markt und wenn du damit rechnest, dass dein Interessent Einwände bezüglich deines Preises hat, dann musst du ihn mit seinen eigenen Waffen schlagen.

Das machst du, indem du die Situation unter Kontrolle behältst und diesen Aspekt ins Gespräch bringst, wenn du es für richtig hältst. Das kann für dich nur zum Vorteil sein. Wenn dein Produkt mehr kostet als ein ähnliches von deiner Konkurrenz - weil es von höherer Qualität ist, eine längere Lebensdauer oder eine bessere Funktionalität besitzt – dann solltest du über diese Punkte sprechen, bevor dein Interessent anfängt, dir Steine in den Weg zu legen.

Einer meiner Trainingsteilnehmer hat diese Taktik perfekt angewendet. Diese Technik bezeichne ich auch als Einwand-Vorwegnahme. Er hatte PCs einer exklusiven hochpreisigen Marke verkauft und weil diese Produkte so gefragt waren, gab es längere Lieferzeiten. Hier kommt ein Auszug aus seinem Verkaufsgespräch:

„Herr Schneider, ich bin sicher, dass Sie gleich meinen PC kaufen werden, direkt nach der Präsentation. Denn alle meine bisherigen Interessenten wurden Kunden, nachdem ich das System präsentiert hatte. Ich bin froh über diese starke Nachfrage.

Wenn Sie von meiner Konkurrenz ein System jetzt kaufen, werden Sie möglicherweise sofort beliefert. Vielleicht ist das sogar der Grund dafür, dass bei meiner Konkurrenz keine so große Nachfrage besteht. Wenn Sie sich jedoch für mein System entscheiden, dann muss ich Sie bitten, etwas Geduld zu haben, weil wir mit den Bestellungen gar nicht mehr nachkommen. Offensichtlich will jeder ein solches System haben. Das spricht doch für das System Herr Schneider, sehen Sie das auch so?"

Gerätst du mit Lieferungen in Verzug, so kann das ein großer Nachteil sein – aber nur, wenn du es zulässt. Dies aber gleich zuzugeben und es damit zu erklären, wie gefragt dieses System ist, lässt eine Verzögerung in der Lieferzeit gleich in einem anderen Licht erscheinen, nämlich dem, das dein künftiger Kunde akzeptiert.

Jetzt noch einmal zur Wiederholung die einfachen Schritte, um zögernden Interessenten in Zukunft beizukommen:

1. Bring die Aspekte die Vorwände, Einwände und Bedenken herausfordern aufs Tablett, bevor es dein Gesprächspartner macht.

2. Stell diese Aspekte so hin, dass du stolz drauf bist.

3. Räum die Bedenken aus und verwandele diese in werthaltigen Nutzen um.

Hier kommt eine Auflistung der gängigen Vorwände und Einwände. Egal, ob du PKWs verkaufst, Elektronik oder andere Komponenten an Geschäftskunden, die Einwände sind immer die gleichen. Lediglich die Gewichtung verschiebt sich. Hinzu kommt, dass du ca. 20 Prozent der Einwände immer wieder hörst, die anderen 80 Prozent treten hin und wieder auf.

In meiner Argumentation mache ich es mir immer einfach: alle Beiträge des Kunden sind für mich Kaufsignale. Klären wir diesen einen Punkt, dann ist der Abschluss so gut wie in der Tasche.

Viele Einwände entstehen doch nur, weil der Interessent sich nicht professionell auf das Gespräch mit dir vorbereitet hat. Bevor du dich mit einem Interessenten triffst, solltest du doch sicher gehen, dass diese Person genau in dein Raster fällt – dieser Interessent ist der ideale künftige Kunde.

Dein idealer Kunde ist doch jemand, der dich sympathisch findet, der bei dir kauft, der viel bei dir kauft und immer wieder bei dir kauft.

Viele Verkäufer beschäftigen sich mit Interessenten, die überhaupt nicht in das Kundenprofil passen und verschwenden viel Zeit, Geld und Energie. Gerade diese Gesprächspartner produzieren dann die Einwände.

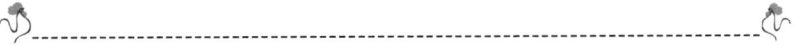

Letzte Woche bekam ich noch eine Mail von einer Verkäuferin, die gerade ein unangenehmes Gespräch mit einem Interessenten hatte. Sie erklärte, dass der Gesprächspartner sehr ruppig am Telefon war und ihre Mail endete mit dem Satz: *„Dabei war er noch nicht mal ein qualifizierter Interessent. Ich glaube nicht, dass er bei mir jemals etwas gekauft hätte."*

Ich schrieb eine Mail zurück mit der Frage: *„Was sind denn die Gründe gewesen, mit ihm überhaupt Kontakt aufzunehmen?"*

Die zweite Möglichkeit besteht darin, dass du die Einwände schon vorher aus dem Weg räumst, bevor der Gesprächspartner sie bringt.

Da gibt es doch sicher einige Einwände, die du immer wieder von deinen Gesprächspartner hörst und das Thema solltest du bereits früh ansprechen. Damit reduzierst du die Anzahl der Einwände ganz dramatisch.

Einer der häufigsten Einwände ist doch: *„Das ist zu teuer!"* oder *„Ich kenne ihr Unternehmen und weiß, dass die Preise bei euch sehr hoch sind."* Hörst du diese Aussage des Öfteren, dann wird es Zeit, diesen Punkt bereits früh im Gespräch zu bringen.

Ist dein Produkt teurer als das Produkt der Konkurrenz? Da gibt es doch sicher einige Punkte, die die zusätzlichen Kosten rechtfertigen. Was sind die Gründe? Ist es das bessere Material, das verarbeitet wird? Ist es die höhere Qualität? Ist es der besondere Prozess in der Fertigung mit geringeren Toleranzen? Wird ein besonderer Service angeboten als der einfache Service der Konkurrenz? Oder ist es der persönliche Ansprechpartner?

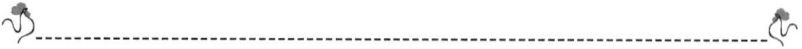

Finde heraus, warum deine Produkte und Dienstleistungen im höheren Preissegment angesiedelt sind. Bringe diese Punkte als zusätzlichen Nutzen und Werte, nicht als Kosten. Vermeide auch die Worte „Kosten" und „Preise" – sprich immer von einer *Investition*. Bei einer Investition zahlt er etwas und er bekommt etwas zurück:

- Bessere Qualität
- Höhere Stückzahlen
- Niedrigere Produktionskosten
- Geringere Ausschussquote
- etc.

Die sechs wichtigsten Einwände und deine Antworten darauf

#1: Wir haben bereits einen Lieferanten
#2: Sie sind zu teuer
#3: Schicken Sie uns vorab Unterlagen zu
#4: Rufen Sie in 3/6/9 Monaten wieder an
#5: Muss ich noch mit meinem Boss/Partner besprechen
#6: Vielen Dank für Ihr Angebot. Wir haben uns noch nicht entschieden.

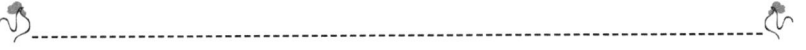

Einwand #1:   Wir haben bereits einen Lieferanten

1.0	**Wir haben einen Lieferanten**
01	Henry Ford hat einmal gesagt: *„Ich prüfe jedes Angebot, denn es könnte das Angebot meines Lebens sein. Prüfen Sie uns jetzt – mein Terminangebot ist Wochentag – Datum – Uhrzeit – wie sieht es da bei Ihnen aus?"*
02	*„Herr/Frau Kunde, unser Gespräch hat auf jeden Fall zwei Vorteile für Sie:* *entweder bekommen Sie die Bestätigung, dass Sie momentan einen akzeptablen Partner haben oder Sie bekommen ein Angebot für einen besseren zukünftigen Partner. Wie sieht es da in der kommenden Woche am Wochentag - Datum - Uhrzeit bei Ihnen aus?"*
03	*„Herr/Frau Kunde, das spricht für Sie, dass Sie loyal zum jetzigen Lieferanten stehen und einen Partner für ..... und ..... haben. Dann macht es ja zusätzlich Sinn, sich zusammen zu setzen – Sie wissen ja der Markt ist in Bewegung und der alte...(Getty) ... sagte schon: Nur der Vergleich macht reich.* *Was spricht denn dagegen, dass Sie einfach mal vergleichen?"*

1.0	Wir haben einen Lieferanten
04	„Ja, das weiß ich. Alle meine heutigen Kunden waren früher bei anderen Unternehmen und gerade gestern bestätigte mir ein Kunde, dass er nach meinem Angebot die richtige Entscheidung getroffen hat. Mittlerweile ist er seit drei Jahren ein zufriedener Kunde von mir. Sie können ihn auch gerne anrufen – die Nummer gebe ich Ihnen bei unserem Termin – wie sieht es da am Wochentag – Datum – Uhrzeit bei Ihnen aus?"
05	„Das ist klar, denn alle unsere Kunden hatten zuvor einen Lieferanten, bevor sie zu uns wechselten. Meine Frage daher an Sie, worauf legen Sie Wert, wenn Sie mit einem Lieferanten zusammenarbeiten?"

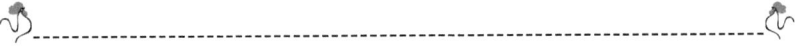

Einwand #2: Sie sind zu teuer

2.0	**Sie sind zu teuer**
01	„Oh, das erstaunt mich aber, Herr/Frau..., welche Leistungsmerkmale haben Sie denn konkret miteinander verglichen?"
02	„Wenn ich Sie richtig verstehe – das Produkt überzeugt Sie?"
03	„Weshalb sagen Sie das? Glauben Sie, dass die Qualität nicht stimmt? Welche Anforderungen müssten erfüllt sein, damit Sie sicher sein können, dass das Produkt den Preis wirklich wert ist?"
04	„Gibt es außer der Investition (das Wort PREIS vermeiden!) noch etwas, das Sie zögern lässt, jetzt von meinem Angebot zu profitieren?"
05	„Ah, ich verstehe, die Investition ist Ihnen wichtig. Was spricht sonst noch dagegen?"
06	„Wollen Sie denn was billiges?"
07	„Meinen Sie den Preis oder den WERT?"

Einwand #3: Schicken Sie uns vorab Unterlagen zu

3.0	Schicken Sie uns vorab Unterlagen zu
01	„Sehr gerne, was soll ich in die Unterlagen hineinschreiben, damit es für Ihre Entscheidung hilfreich ist?"
02	„Sehr gerne Herr/Frau..., ich habe hier eine PDF-Datei mit 124 Seiten und eine PowerPoint-Datei, was davon hätten Sie denn gerne?"
03	„Ja, das mache ich gerne, Frau Schneider. Wir haben jetzt interaktive Unterlagen, denen Sie direkt Fragen stellen können – kennen Sie die schon? Die sind 188 cm lang, wiegen 96 Kg und fahren mit dem Firmenwagen vor – wann soll ich bei Ihnen eintreffen?"
04	„Ich würde es gerne per Post schicken, aber Sie wissen ja, wie das mit der Post heutzutage ist. Warum bringe ich es Ihnen nicht persönlich heute bereits am Nachmittag vorbei?" „In Ordnung, dann bringen Sie es vorbei." „Sind Sie gegen 15 Uhr im Haus?" „Ja." „Prima, Herr Müller, dann bringe ich die Unterlagen persönlich zu Ihnen – bis heute Nachmittag."

Einwand #4: Rufen Sie in 3/6/9 Monaten wieder an

4.0	**Rufen Sie in 3/6/9 Monaten wieder an**
01	*„Das mache ich gerne Herr Konz, da stellt sich die Frage: Was wird in 3 Monaten anders sein als heute?"*
02	*„Ah, da höre ich raus, dass noch Fragen von Ihrer Seite offen sind, welche sind das denn?"*
03	*„Frau Schulz, je eher Sie mit dem System arbeiten, um so schneller erhöhen Sie die Qualität und gewinnen mehr Neukunden. Da spricht doch alles dafür, so schnell wie möglich zu starten, oder?"*
04	Ich habe mich einmal an diese Aussage gehalten und als ich nach sechs Monaten wieder anrief, flötete der Geschäftsführer munter ins Telefon: *„Ach Herr Hahn, schade dass Sie sich nicht früher gemeldet haben, wir haben uns letzten Monat für ein anderes Unternehmen entschieden!"* Damit hatte ich die rote Karte. Deswegen setze ich heute alles dran, viel früher wieder anzurufen. Was ich dazu brauche, ist nur der richtige Interessewecker: *„Hallo Herr Becker, ich habe gestern an Sie gedacht, da wir mittlerweile (jetzt kommt der Aufhänger, eine neue Idee, ein interessanter Presseartikel...) ..."*

Einwand #5: Muss ich noch mit meinem Boss/Partner besprechen

5.0	Muss ich noch mit meinem Boss/meiner Frau besprechen
01	„Ich verstehe, dass Sie noch mit Ihrer Frau/Ehemann /Geschäftspartner darüber sprechen wollen. Wenn Sie die Entscheidung jetzt ganz alleine treffen, gehen wir dann im Projekt weiter voran?"
02	„Ah, ich verstehe, Herr/Frau xyz, das macht ja auch Sinn. Eine Frage: Wenn Sie dies Ihrem (Boss, Partner) gezeigt haben und er davon begeistert ist, und er Ihnen sagt, dass Sie das Beste für das Unternehmen tun sollen, sind Sie überzeugt davon, dass dies die richtige Lösung für Sie ist und wir im Projekt weiter vorangehen?"
03	„Ich verstehe, dass Sie noch mit Ihrem Geschäftspartner darüber sprechen wollen. Lassen Sie uns doch schon die Unterlagen ausfüllen und wenn Ihr Geschäftspartner nachher das okay gibt, haben wir schon alles erledigt. Wenn nicht, dann zerreißen Sie es."

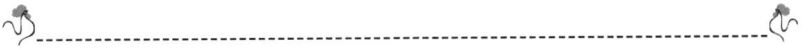

Einwand #6:   Vielen Dank für Ihr Angebot. Wir haben uns noch nicht entschieden

6.0	**Wir haben uns noch nicht entschieden**
01	Du hast ein Angebot abgegeben und fasst zum entsprechenden Termin nach. Vom Kunden hörst du folgende Antwort: Kunde: *„Vielen Dank für Ihr Angebot. Wir haben uns noch nicht entschieden!"* Viele Verkäufer antworten darauf: *„Wann darf ich mich wieder melden?"* An sich ist die Antwort ganz logisch, der Kunde sagt, dass er noch nicht so weit ist und der Verkäufer strebt den nächsten Termin an. Und dennoch ist die Gegenfrage des Verkäufers völlig falsch. Was ist viel interessanter als das WANN? Interessanter ist doch das WARUM! **Die richtige Frage** des Verkäufers lautet: *„Welche Punkte sind noch offen und müssen geklärt werden?"* Nur wenn wir fragen, welche Punkte noch geklärt werden müssen, reagieren wir auf die Aussagen unseres Kunden. Egal was der Kunde da sagt, ein Profiverkäufer antwortet darauf: *„Wie kann ich Sie dabei unterstützen?"* Achte bitte hier besonders darauf, eine offene Frage zu stellen und auf eine geschlossene Frage, wie z.B.: *„Kann ich Sie noch irgendwie unterstützen?"* zu verzichten.

6.0	**Wir haben uns noch nicht entschieden**
02	Manchmal führt der direkte Weg zum Erfolg: *„Das verstehe ich, wann werden Sie Ihre Entscheidung treffen?"* Auch ein direktes: *„Welche Gründe gibt es für Ihr Zögern?"* führt manchmal zum Erfolg. Hier ist allerdings Fingerspitzengefühl gefragt - gibt dir der Kunde das Signal, dass er jetzt ganz einfach nicht will, solltest du das respektieren, um die Tür nicht ganz zuzuschlagen. Gut ist es natürlich, wenn es sachliche Argumente gibt, die du ins Feld führst, wie zum Beispiel:
03	*„Denken Sie bitte daran, dass wir im nächsten Monat eine Preisanpassung durchführen werden"* erzeugt vielleicht den notwendigen Entscheidungsdruck. Auch hier gilt: Frag nicht danach, wann du dich wieder *melden kannst.* Sag lieber: *„Okay, Frau Berger, wenn es zwischenzeitlich neue und interessante Veränderungen geben sollte, rufe ich Sie wieder an, um Sie auf dem Laufenden zu halten."* Das ist eine gute Gelegenheit, alle vier Wochen wieder gezielt anzurufen.

Stufe #6: Der Abschluss

Nimm immer an, dass dein Interessent den Abschluss machen will

Ab der ersten Stufe deiner Verkaufspräsentation gehst du fest davon aus, dass dein Interessent bei dir kaufen wird. Obwohl dein Interessent dir noch keinen verbalen Auftrag erteilt hat, reagierst du so, als wäre der Abschluss nur noch eine reine Formsache mit seiner stillen Zustimmung. Der angenommene Abschluss basiert auf deinem Mut, wird nicht ausgesprochen und geht davon aus, dass die Kaufentscheidung deines Interessenten längst gefallen ist.

Dieser Abschluss ist ein cleverer psychologischer Trick, der schrittweise den Widerstand des Interessenten auflöst. Deine angenommene positive Einstellung wird den Widerstand beim Interessenten Schritt für Schritt reduzieren und in steigende Akzeptanz umwandeln.

Je mehr du so reagierst, als wenn du den Auftrag schon in der Tasche hättest, umso schneller wirst du auch den Abschluss machen.

Wie du die angenommene Einstellung bekommst

Dein Unterbewusstsein akzeptiert, was dein Bewusstsein erwartet. Erfahrene Verkäufer wissen, dass der Abschluss bereits in Gedanken vorhanden ist. Der Verkäufer baut die angenommene Einstellung bereits lange vor dem aktuellen Gespräch mit einer Serie von einfachen Visualisierungs-Übungen auf.

Um ein erfolgreicher Verkäufer zu sein, solltest du dir einige Minuten Zeit nehmen, bevor du deinen Interessenten triffst.

Stell dir vor, dein Interessent besitzt und benutzt dein Produkt zu seiner vollen Zufriedenheit. Viele erfolgreiche Verkäufer lassen in diesem Moment einen Film vor ihrem geistigen Auge ablaufen. Sie stellen sich vor, wie begeistert der Kunde mit diesem Produkt ist.

Entwickle deine eigene Visualisierungs-Übung

Hier kommt eine typische Visualisierungs-Übung, die von einem erfahrenen Verkäufer für Bürocomputer angewendet wird:

Ich betrete das Büro des Interessenten. Er schaut ein wenig desinteressiert, aber meine Freundlichkeit und Begeisterung bringen ein Lächeln auf sein Gesicht.

Nun stelle ich meine offenen Fragen. Er antwortet konzentriert.

Ich höre aufmerksam zu und mache mir Notizen.

Ich präsentiere mein Produkt mit seinen Besonderheiten und bekomme von ihm Feedback.

- Er lächelt, als er von den Zeiteinsparungen hört.
- Ich überreiche ihm eine schriftliche Empfehlung eines Kunden und sehe, wie er seine Augenbrauen nach oben zieht.
- Er nickt mit dem Kopf, als er von den reduzierten Wartungskosten hört, und er bestätigt mir, dass das Aufrüsten der bisherigen Systeme zu teuer sei.
- Er realisiert nun, dass das neue Modell sich selbst bezahlt macht. Er ist begierig, es zu installieren. Er bestätigt, dass es eine hervorragende Investition ist.

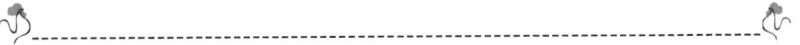

Während unseres Gespräches fülle ich das Bestellformular aus und mache ein X dahin, wo er zu unterschreiben hat. Ich lege es ihm vor und sage: *„Das ist die beste Investitionsentscheidung, die Sie heute getroffen haben."* Er lächelt, er unterschreibt, er ist zufrieden, das Geschäft mit mir gemacht zu haben. Ich verlasse das Büro mit seinem Auftrag und dem Scheck für die Anzahlung.

Ich gehe zurück zu meinem Auto.

Wie du einen großen Auftrag im Geist bereits erzielt hast

Ein erfahrener Verkäufer aus der Computerindustrie fragte mich: *„Wieso glaubst du im Büro eines Interessenten einen Auftrag zu machen, wenn du den Auftrag noch nicht in deinem Geiste (mental) realisiert hast?"* Er ist überzeugt von der Kraft, die in der Visualisierung steckt.

Er lässt vor jedem Kundengespräch seine mentalen Filme ablaufen. Er geht Schritt für Schritt jedes Detail im Geiste durch – auch unterschiedliche Ansätze.

Die gleiche Technik kann erstaunliche Resultate bringen, wenn du unterschiedliche Produkte an einen Kunden verkaufst. Tom Hopkins, einer der besten Verkaufstrainer in den USA, erzählte mir auf einer Tagung: *„Wenn du Bananen verkaufst, verkaufe sie staudenweise."*

Der stille angenommene Abschluss

Vor einigen Jahren war ich mit einem erfahrenen Verkäufer in den USA unterwegs. Wir besuchten Landwirte, denn der Verkäufer verkaufte Lagerhallen. Er hatte sich unterschiedliche stille Variationen von angenommenen Abschlüssen zugelegt. An einem Tag hatten wir zwei Termine.

Jedes Mal legte er das Bestellformular direkt vor den Interessenten und startete seine Präsentation. In der Abschlussphase zeichnete er den Grundplan des geplanten Gebäudes auf und fügte Türen, Dachfenster und Fenster in die richtige Position.

Immer wieder fragte er den Interessenten, ob alles so okay sei. Als er mit seinen Zeichnungen fertig war, sagte er: *„Jim, das ist genau das, was wir für dich jetzt tun werden."*

Stillschweigend überreichte er den Kugelschreiber, grinste und legte seinen Finger genau auf die Stelle, an der sein Gesprächspartner zu unterschreiben hatte.

Ich hatte genau bemerkt, dass er in dem Moment, als er den Kugelschreiber überreichte, dem Interessenten eindringlich in die Augen schaute.

Zu meinem Erstaunen unterzeichneten beide Interessenten, die wir an diesem Tag aufsuchten. Ich hatte fast den Eindruck, dass er beide hypnotisiert hatte, als er in ihre Augen schaute.

Nachdem wir den zweiten Interessenten verlassen hatten, erzählte er mir beim Kaffee: „Da gibt es zwei Abschlussgründe; einer ist in meinem Kopf, der andere ist in der Realität. Wenn ich mir vorstelle, dass ich jeden Abschluss mache, dann werde ich in zwei von drei Fällen erfolgreich sein.

Wenn ich mir jedoch vorstelle, nur zwei von drei Abschlüssen zu machen, dann sinkt meine Rate in der Realität auf nur einen Abschluss."

Ich fragte ihn, warum er direkt in die Augen des Interessenten schaute, als er den Kugelschreiber zur Unterzeichnung überreichte. *„Wenn ich den stillen angenommenen Abschluss mache, dann will ich Aktivität sehen, und ich will vermeiden, dass wir uns gegenseitig in die Augen starren."*

Einstellung kann kein Wissen ersetzen

Obwohl der angenommene Abschluss sich ein wenig nach Magie anhört, hat doch das große Geheimnis um diesen Abschluss wenig damit zu tun.

Die angenommene Einstellung hilft dir nur, wenn du ein solides Fundament für deine erfolgreichen Verkaufsaktivitäten gelegt hast. Dies bedeutet, dass du den Interessenten qualifiziert, die wichtigsten Kaufmotive erkannt, deine Produkte und Dienstleistungen überzeugend präsentiert und die Anforderungen deines Kunden professionell behandelt hast.

Wenn du jede Stufe deines Verkaufsprozesses gut gemanagt hast, wird der Abschluss zur reinen Formsache.

Von einem anderen Verkaufstrainer habe ich Folgendes über den angenommenen Abschluss gehört:

„Wenn du in deinem Auto den Tempomat richtig bedienen kannst, aber nicht gelernt hast, Auto zu fahren, dann hilft dir das Wissen um den Tempomat auch nicht weiter."

So ist es auch mit dem angenommenen Abschluss.
Wenn du die einzelnen Stufen des Verkaufsprozesses nicht erlernt hast, ist der angenommene Abschluss für dich unnütz.

Zusammenfassung der einzelnen Schritte, um dich auf den angenommenen Abschluss vorzubereiten:

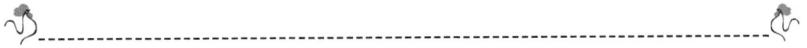

1. Visualisiere, wie dein Interessent deinen Vorschlag akzeptiert. Erinnere dich daran: Wenn du den Abschluss in deiner Vorstellung nicht realisieren kannst, dann wirst du auch keinen Auftrag im Büro des Kunden machen.
2. Setze einfach voraus, dass der Interessent bei dir kaufen wird. Tu so, als wäre das Verkaufen eine vorgezogene Vereinbarung.
3. Stelle deine angenommenen Abschlussfragen.

Angenommene Abschlüsse

1. „Ich nehme mir die Freiheit, dieses Formblatt für Sie auszufüllen. Alles, was ich noch dazu brauche, sind Ihre Initialen hier an dieser Stelle."

2. „Sind Sie zufrieden damit, dass wir eine gute Lösung für das Produktivitäts-Problem gefunden haben?"

3. „Dies ist ein gutes Meeting, und ich bin froh, dass wir Sie unterstützen können. Helfen Sie mir bei der exakten Schreibweise Nachnamens?"

4. „Ich bin froh, dass Sie den Wert der Qualität anerkennen. Herzlichen Glückwunsch, dass Sie diesen Weg mit uns gehen werden. Machen Sie bitte auf beide Blätter Ihr Zeichen."

5. „Es sieht so aus, als wenn wir eine Übereinstimmung in allen Punkten haben. Wann sollen wir mit der Produktion und Auslieferung starten?"

6. „Anscheinend haben wir jetzt alle Punkte zu Ihrer vollen Zufriedenheit gelöst. Mein Kompliment zu Ihrem guten Geschmack. Jetzt sollten wir noch das Papier abzeichnen."

7. „Dies ist ein sehr erfreuliches Meeting für mich, und ich freue mich, Ihre Wünsche und Anforderungen der kommenden Jahre zu erfüllen. Machen Sie jetzt noch Ihr Zeichen auf dieses Blatt, und dann wird es losgehen."

8. „Ich freue mich, dass Sie sich für dieses Modell entschieden haben, es ist sehr wirtschaftlich. Sind Sie mit einer Anzahlung von € 500 einverstanden?"

9. „Hier ist der Pass für Ihre Zufriedenheit. (überreiche die Vereinbarung) - stempeln Sie bitte ab und unterschreiben an dieser Stelle."

10. „Herzlichen Glückwunsch – Sie haben eine gute Entscheidung getroffen!"

Den Auftrag zu bekommen ist ein Kinderspiel, wenn du dieses kleine Geheimnis kennst

Eines meiner Bücher heißt ja: „Mach den Abschluss – Werners blaue Verkäuferkladde". Dort habe ich ja ausführlich zum Thema Abschluss Stellung bezogen. Ich will die Gelegenheit auch nutzen, noch einige Informationen über den Abschluss zu vermitteln.

Wenn der Abschluss am Ende des Verkaufszyklus steht, dann heißt das ja auch der Start einer Aktivität – nicht das Ende einer Aktivität.

Einige Verkäufer werden schon unruhig, wenn es in den Bereich des Abschlusses geht, weil sie es anstrengend finden. Den Abschluss herbeiführen ist ja auch keine einfache Vertriebsarbeit.

Wir können es ja auch umbenennen in irgendein anderes Wort. Anstelle des Wortes „Abschluss" können wir auch von einer „Vereinbarung" sprechen oder „nach dem Auftrag fragen." Das sind doch alles positiv besetzte Begriffe die genauer beschreiben, was am Ende des Verkaufsprozesses passiert.

Genug der grauen Theorie. Hier kommen jetzt einige Punkte, die dazu beitragen, dass dein Gesprächspartner schneller Ja oder Nein sagt. Klar schauen wir immer zuerst nach den „Ja"-Antworten. Wir streben keine „Nein" oder „vielleicht" an. Wenn wir alle Verkäufer nehmen, die mit einem „vielleicht" schon einverstanden sind, dann käme da eine ordentliche Summe zusammen. Echte Gewinnertypen streben nie nach einem „vielleicht" sondern immer nach dem „Ja!"

Wie frage ich nun nach dem Auftrag? Sobald du die exakten Anforderungen deines Gesprächspartners kennst und du deine Lösung präsentiert hast und alle wichtigen Belange besprochen wurden, dann solltest du eine der Fragen stellen:
- „Welche weiteren Informationen benötigen Sie jetzt noch zur Entscheidungsfindung oder bevorzugen Sie noch eine Präsentation?"
- „Wir liefern immer dienstags und donnerstags nach Mainz-Gonsenheim – welcher Termin passt Ihnen am besten?"
- „Was sollte Ihrer Meinung nach jetzt der nächste Schritt sein?"
- „Das technische Training können wir in Ihrem Unternehmen durchführen oder bei uns im Trainingscenter – welchen Trainingsort bevorzugen Sie?"
- „Ich habe den Eindruck, dass Ihnen mein Vorschlag ganz gut gefällt – gehen wir beide jetzt gemeinsam den nächsten Schritt und schreiben den Auftrag?"
- „Welche weiteren Fragen haben Sie oder machen wir direkt den nächsten Schritt?"

Denk daran, dass du bei allen diesen Varianten nie von einem „Abschluss" sprichst. Das erleichtert dir den Abschluss und du fühlst dich wesentlich wohler dabei.

Du entscheidest, wie du nach dem Auftrag fragen wirst, bevor du den Abschluss machst. Wenn du dich für eine Variante entschieden hast, schreib sie auf.

Sobald du diesen Satz bzw. diese Frage notiert hast, sag ihn dir mindestens zwölfmal auf. Das passiert in weniger als einer Minute. Das wird dazu führen, dass dein Selbstvertrauen steigt und du dich sicherer fühlst.

Alles wird dir einfacher und entspannter gelingen, wenn du es geübt hast. Geh in den Schuhen deines Kunden – nur für einen Moment.

Es ist immer einfach für jemanden, ein Nein zu sagen, sobald er in einer solchen Situation auch noch mit einer geschlossenen Frage konfrontiert wird. Gerade in der Abschlussphase ist keine Zeit für irgendwelche Improvisationen.

Es zahlt sich aus, sich vorzubereiten. Es zahlt sich aus, mehr zu üben. Es zahlt sich aus, sich vorzubereiten und zu üben, damit der Abschluss einfacher zustande kommt. Und diese Vorgehensweise wird dazu beitragen, dass du auf dem Weg zu einem Topp-20%-Verkäufer bist.

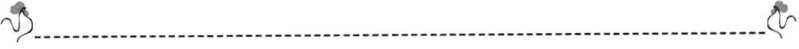

Denk immer daran:

Wenn du einmal keine Gewinne mehr machst, kannst du früher oder später deine Kunden nicht mehr unterstützen.

Damit lässt du Menschen im Stich, die dir vertrauensvoll Aufträge gegeben haben.

Auf deine Gewinne nicht zu achten heißt, deine Kunden zu betrügen.

Stufe #7: Zusatzverkäufe

Zusatzverkäufe werden unterteilt in die Bereiche Cross-Selling und Up-Selling.

Beispiele für Cross Selling:

- Zum Smoking werden Hemd, Krawatte/Fliege und die passenden Schuhe gleich mitverkauft.

- Im Supermarkt stehen neben dem frischen Spargel die passenden Saucen, neue Kartoffel und diverse Weißweine.

Upselling oder auch Veredelungsverkauf

Durch Upselling kann die Menge eines Produktes oder seine Qualität verbessert werden. Beim Upselling wird dem Kunden also nicht die günstigste Variante angeboten. Vielmehr offeriert der Verkäufer ein hochwertigeres Produkt bzw. eine Dienstleistung, die in einer höheren Preiskategorie angesiedelt ist.

Beispiele für Upselling:

- Im Autohaus verkauft der Verkäufer nicht das Basismodell, sondern die Premium-Variante.

- Der Herrenausstatter verkauft nicht den BOSS-Anzug sondern den von höherwertigen Brioni-Anzug.

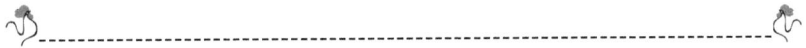

Neben einer deutlichen Umsatzsteigerung haben Zusatzverkäufe auch positive Auswirkungen auf die vorhandene Kundenbeziehung. Es entsteht eine noch höhere Kundenbindung durch eine intensive „Rundumversorgung". Hinzu kommt: Der Kunde vertraut dem Verkäufer.

Viele Verkäufer tun sich schwer, Zusatzprodukte und Zusatzdienstleistungen mit anzubieten, weil sie nicht wissen, ob sie das Verkaufsgespräch überhaupt erfolgreich zu Ende bringen werden. Ihre Konzentration gilt in erster Linde dem Abschluss – nach dem Motto: *Lieber den Spatzen in der Hand als die Taube auf dem Dach*.

Dieses Verhalten ist völlig unbegründet. Sind alle Phasen des Verkaufsprozesses professionell durchgeführt, ist es doch eine selbstverständliche Konsequenz, den Abschluss durchzuführen. Je mehr Fragen der Verkäufer in der Bedarfsanalyse gestellt hat, umso mehr Informationen über die Wünsche, Träume und Bedürfnisse seines Gesprächspartners kennt er doch jetzt.

In dieser Phase gibt es doch tatsächlich Verkäufer, die ihre Annahmen treffen:

„Will der Kunde das überhaupt?"
„Kann er sich das noch leisten?"

Mit diesen Fragen übernimmt der Verkäufer die Verantwortung für seinen Gesprächspartner – wie irre ist das denn? Lass doch deinen Interesssenten entscheiden, was für ihn besonders wichtig und interessant ist. Zusatzverkäufe sind doch etwas ganz normales.

- Wer eine Kamera kauft, braucht eine Tasche dazu.
- Wer einen Computer kauft, benötigt mehr Speicherplatz.
- Wer ein Auto kauft, benötigt eine Klimaanlage.

Die falsche Frage: *„Brauchen Sie auch noch eine Speicherweiterung für den PC?"*

Solche direkten und geschlossenen Fragen verleiten den Interessenten in 90% der Fälle zu einem ebenso direkten *„Nein".*

Die richtige Frage: *„Jetzt haben Sie sich für X entschieden, wollen Sie sich einmal dazu Y anschauen?"*

Mit solchen Interessenfragen schaffen Sie einen sanften und natürlichen Übergang von der ersten Kaufentscheidung zu evtl. Zusatzverkäufen. Sie steigern damit die Chance auf ein *„Ja"* des Kunden erheblich und starten den Zusatzverkauf beginnen.

Denk an den Kauf bei Amazon: *„Kunden die diesen Artikel kauften, kauften auch..."*

Hier gebe ich dir noch ein Praxis-Beispiel mit der Frage an dich: *„Wer verkauft profitabel?"*

Variante #1:
„Brauchen Sie zu dem Gerät noch Batterien?"

Variante #2:
„Wie viele Batterien brauchen Sie zu dem Gerät?"

Variante #3:
„Nehmen Sie vier Batterien für das Gerät oder doch lieber gleich das Zehnerpack, damit sie lange etwas davon haben?"

Du wirst sicher zustimmen, dass die Variante #3 den größtmöglichen Umsatz bringen wird.

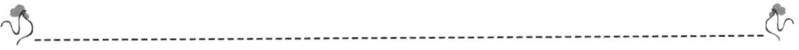

Stufe #8: Referenzen und Empfehlungen

Gerade im B2B-Bereich haben Referenzen und Empfehlungen von Kunden einen positiven Einfluss auf den Vertriebserfolg.

Im Gegensatz zu Produkten sind Dienstleistungen nur schwer zu vergleichen. Kompetenzen und Erfahrungen müssen in Angebotssituationen, gerade in der Neukundengewinnung, für Auftraggeber möglichst glaubwürdig und nachvollziehbar dargestellt werden. eine gute Basis dafür sind Referenzen und Empfehlungen. Wer eine ganze Schatzkiste von Referenzen und Empfehlungen hat, ist gut dran. Denn er macht seine begeisterten Kunden zu „Mitverkäufern". Deshalb kannst du als Verkäufer nicht genug aussagekräftige Referenzen in deinem Fundus haben.

Deine Referenzen und Empfehlungen erzeugen Vertrauen und sie sind eine Qualitätsaussage.

Verkäufer-Frage:

„Ich war immer der Meinung, dass es ein Kaufsignal ist, wenn der Interessent nach Referenzen fragt. Die Referenzen, die wir nach draußen geben, sind sehr sorgfältig ausgesucht. Außerdem haben wir von jedem das okay und trotzdem stelle ich keinen signifikanten Auftragseingang fest. Was machen wir verkehrt?"

Antwort:

Jedes Business oder jeder Verkäufer sollte eine Liste von zufriedenen, loyalen Kunden haben. Diese sollten auch bereit sind, mit einem neuen Interessenten zu telefonieren oder eine E-Mail zu beantworten. Das ist Schritt 1.

Sobald du diese Liste hast, wirst du mit dieser Liste sehr sorgfältig umgehen.

Gibst du diese Liste an deine potentiellen Interessenten raus und hast wenige zusätzliche Aufträge, dann läuft in deinem Verkaufsprozess irgendetwas schief.

Du gehst auch das Risiko ein, dass du deine Kunden verbrennst, wenn du sie mit unqualifizierten Kundenanfragen bzw. mit Interessenten bombardierst, die den Weg nicht mit dir gehen wollen.

Deswegen ist es wichtig, eine ganz qualifizierte Frage zu stellen, bevor du weitere Aktivitäten startest. Fragt dich der Interessent: *„Können Sie mir einige Referenzen senden, mit denen ich Kontakt aufnehmen kann?"* dann sollte deine Antwort lauten:

„Ja, das mache ich sehr gerne, Herr Interessent. Folgende Frage an Sie: Nehmen wir an, Sie nehmen Kontakt zu den Referenzen auf und Sie erhalten ein sehr positives Feedback bezüglich unserer Produkte/Dienstleistungen – was sind die nächsten Schritte und was ist das Ziel?"

Warum diese Frage so wichtig ist

Die Antwort deines Interessenten wird viel aussagen über den Stand deiner Gespräche und wo dein Interessent im Entscheidungsprozess steht.

Antwortet dein Interessent zum Beispiel:

„Okay, wir werden die Referenzen von den anderen Anbietern ebenfalls überprüfen und uns dann intern zusammensetzen und mit der besten Option die Abschlussgespräche führen."

Jetzt ist dein Interessent nicht bereit, den weiteren Weg alleine mit dir zu gehen. Du solltest weitere Gespräche führen und ihn von dem WERThaltigen Nutzen deiner Produkte mehr zu überzeugen. Das erreichst du nur mit tiefergehenden Fragen. Erst dann wird er erkennen, dass deine Lösung die richtige für ihn ist und du ihm sein Problem löst.

Es kann auch sein, dass du bisher mit der verkehrten Person gesprochen hast.

Direkt gesagt solltest du deine Referenzen nicht dazu einsetzen, dass ein Interessent erfährt, ob die Lösung für ihn okay ist. Es geht hier um vertrauensbildende Maßnahmen mit der Bestätigung, dass dein Angebot dazu beiträgt, die Probleme des Hauses zu lösen. Und das ist ein großer Unterschied.

Sagt jemand in der Art:

„Okay, wenn die Referenzen gut sind, dann gehen wir voran im Projekt."

Jetzt weißt du, dass sie deine Lösung gekauft haben und das ist nun wirklich ein großes Kaufsignal. Finde heraus, was die nächsten Schritte sind nachdem die Referenzen gecheckt worden sind.

Was zu tun ist, wenn es kein Kaufsignal ist

Dann bietet es sich an, folgendes zu sagen:

„Herr Interessent, Empfehlungen und Referenzen legen den Grundstein für unseren Erfolg. Ich habe viele Namen, Telefonnummern und E-Mail-Adressen von Geschäftsführern und Inhaber diverser Unternehmen. Alle sind bereit, mit denen zu sprechen, die mit uns im Geschäft vorangehen wollen. Für mich hört sich das im Moment so an, dass Sie noch nicht zu 100% von dem überzeugt sind, was Sie von mir gehört haben. Nehmen wir uns doch einige Minuten Zeit und sprechen über Ihre Anforderungen und wenn wir übereinstimmen, dann sprechen Sie mit einem zufriedenen Kunden, der unsere Produkte bereits erfolgreich einsetzt. Ist das ein fairer Vorschlag?"

Geh behutsam mit deinen Referenzen um.

Mit dieser Antwort wirst du vielleicht erreichen, dass dein Gesprächspartner alle Karten offen auf den Tisch legt. Du nutzt die Zeit sogar zu seinem Vorteil.

Merke: Vielleicht hast du schon mal vom Gesetz des Universums gehört: Wenn du etwas gibst, wirst du immer das 10-fache zurückbekommen.

Problemlöser sind die wahren Champions des Universums, sie sind die Elite im Geschäftsleben. Allerdings wirst du die Probleme deines Gesprächspartners nur lösen, wenn du sie kennst. Deswegen ist die Beziehung so wichtig.

In der Geschäftswelt geht es nur darum, dass jemand die Probleme eines anderen löst. Ein gelöstes Problem hat den Wert, dass der Auftraggeber gerne dafür bezahlt.

Das ist der wichtigste Punkt in meiner Philosophie: Warum die Menschen dich kaufen. Je mehr Probleme du löst, umso schneller steigst du die nächsten Stufen höher. Du hast dich darauf spezialisiert, die Probleme zu erkennen und zu lösen – selbst wenn das in manchen Fällen keinen direkten Einfluss auf deine geschäftlichen Aktivitäten hat.

Du lebst nach dem Motto: *Wenn ich anderen Menschen helfe, ihre Ziele zu erreichen, werde ich meine Ziele einfach und entspannt erreichen.*

Gehst du so vor, wirst du sehen, wie deine Abschlussquote signifikant nach oben geht.

DEN KUNDEN BESTÄTIGEN: Kunden brauchen Bestätigung – das weiß jeder gute Verkäufer. Nutze dieses Wissen, um beim Abschluss erfolgreich Zusatzverkäufe zu machen. Wähle deshalb Formulierungen nach diesem Muster:

- *„Sie haben eine ganz hervorragende Entscheidung getroffen. Ergänzend kann ich Ihnen noch empfehlen:…"*

- *„Herzlichen Glückwunsch zu Ihrer Entscheidung! Darf ich Ihnen noch einen Tipp geben, wie Sie noch mehr Freude daran haben werden?"*

Kapitel #5: Die Realität im Verkauf – es wird dir nichts geschenkt – du musst es dir verdienen

Mit dem Einsatz des Internet kamen die ersten Informationen, dass es in Zukunft keine Verkäufer mehr geben wird. Die Menschen werden nur noch nur noch im Internet kaufen und Gespräche mit Verkäufern werden einfach überflüssig. Nach einer Prognose hat der Onlinehandel mittlerweile ein Volumen von 45 Milliarden Euro erreicht. Für 2017 werden 71 Mrd. Euro angepeilt. Allerdings ist der Bedarf an Verkäufern nicht rückläufig – im Gegenteil. In den USA wurden betrug der Zuwachs an Verkäufern pro Jahr 8% und ähnliche Zahlen gibt es auch in Deutschland.

In verschiedenen Branchen hat sich das Bild des Verkäufers gewandelt. Tatsache ist, das die Anforderungen immer mehr steigen: mehr Branchenwissen und der Aufbau einer persönlichen Beziehung. Das bedeutet, dass gerade mittelständische Unternehmen mehr gefordert sind, den Vertrieb weiter auszubauen, um zu wachsen.

Internet, Smartphone und social-media haben die Welt des Verkaufens grundlegend verändert. Kunden und Interessenten sind heute besser informiert als viele Verkäufer. Willkommen in der neuen Welt VERKAUFEN 4.0.

Die Website eines Unternehmens ist in der Lage, Kundenanfragen zu generieren. Anzeigen in den entsprechenden Publikationen bringen ebenfalls entsprechende Anfragen. Aber irgendwann wird jemand benötigt, der mit dem Interessenten/Kunden spricht. Der herausfindet, wo die Wünsche, Bedürfnisse und Träume liegen.

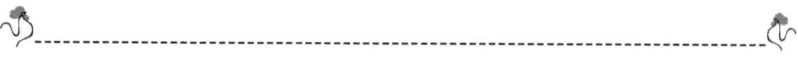

Menschen kaufen immer von Menschen. Es kauft nicht Firma X bei Firma Y – Meier kauft bei Frau Schulze. Und das wird weiterhin so bleiben. Klar gibt es heut bereits Bereiche, in denen über bestimmte Plattformen verkauft wird. Doch im B2B-Bereich wird das persönliche Gespräch weiterhin erfolgen. Insofern sollten wir den Begriff B2B (Business-to-Business) eher abändern in H2H (Human-to-Human).

Im Regelfall durchläuft der Interessent folgende Stufen:

- Akquise
- Bedarfsanalyse
- Vorteil-/Nutzenargumentation
- Einwand-Strategie
- Abschluss
- Zusatzverkauf
- Referenzen und Empfehlungen

Gerade im Bereich der Kaltakquise ist es erforderlich, mit der Zeit des Gesprächspartners respektvoll umzugehen. Die Zeiten des Elevator-pitch sind vorbei – innerhalb von 12 Sekunden (Match-pitch = 12 Sekunden, die Zeit, die ein Streichholz abbrennt) ist die Antwort auf die Frage des Gesprächspartners zu liefern: *„Was bringt mir das?"* Erst danach wird die Kaltakquise zu einer Warm-Akquise.

Trittst du eine neue Stelle im Vertrieb an, haben die bisherigen Verkäufer die besten Kunden und ich habe noch nie einen Verkäufer getroffen, der seine besten Kunden an einen neuen Verkäufer abgibt. Startest du neu im Vertrieb, dann fängst du unten an – mit den Interessenten, an denen sich viel neue Verkäufer bereits die Zähne ausgebissen haben. Für deine Erstakquise bleibt dir nur die Kaltakquisition, weil dir keiner der Kollegen etwas abgibt. Entweder beginnst du zu schwimmen oder du sinkst langsam auf den Boden.

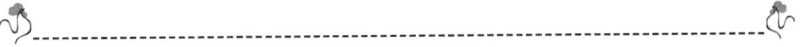

Dir bleibt nichts anderes übrig, als die Kaltanrufe in Warm-Anrufe zu übersetzen und die Beziehung in eine partnerschaftliche Beziehung zu wandeln.

Hier kommt die REALITÄT: Dein Verkaufsleiter wird dir niemals die besten Kundenanfragen (Leads) geben. Er gibt sie deinen Kollegen von denen er weiß, dass sie neue Aufträge generieren. Erst wenn du dir so langsam dein eigenes Potential aufgebaut hast, wirst du einen Lead bekommen. Erst wenn dein Verkaufsleiter Vertrauen zu dir gefasst hat, wirst du mit frischen Leads versorgt.

Zähl diese Vorgehensweise zu den außerordentlichen Geschenken, wenn du qualifizierte Leads oder Kunden bekommst, die bereits eine Partnerschaft mit deinem Unternehmen haben. In den anderen Fällen wirst du mit Kaltakquise starten, um dir deinen ersten Provisionsscheck zu verdienen.

Setzt du die einzelnen Punkte in diesem Buch sukzessive um, wirst du auf der Leiter des Erfolgs weiter nach oben klettern. Bist du erfolgreich, bist du auch WERThaltiger für dein Unternehmen und du wirst mehr Abschlussmöglichkeiten bekommen. Hab Vertrauen, arbeite daran, dein Verkaufswissen kontinuierlich zu steigern und setz deinen Hintern in Bewegung. Du kannst es doch!

Kapitel #6: Beeinflussen, überreden oder besser Überzeugen?

Als ich in den Verkauf gegangen bin, habe ich meine Rolle darin gesehen, alle Details meiner Produkte zu dem Gesprächspartner zu vermitteln. Das sollte er dann vergleichen mit seinen Anforderungen und schlussendlich wollte ich den Weg gemeinsam mit ihm gehen.

Ich habe keine Minute daran gedacht, den Interessenten irgendwie zu beeinflussen. Wenn es für sie passend war, werden sie es schon akzeptieren und den Weg mit mir gemeinsam gehen. Passte es für sie nicht, dann war der Fall für mich erledigt. Meine Rolle bestand darin, ihnen alle Informationen zu geben, damit sie die richtige Entscheidung treffen würden. Ich sprach mit ihnen, um sie zu informieren und sie schlau zu machen, nicht um sie zu beeinflussen.

Dieses Vorgehen und Verhalten war für mich „ethisch." Bestimmte Verkaufsmethoden oder Taktiken einzusetzen, das war für mich „unethisch". Menschen zu beeinflussen, sie zu überreden – egal auf welche Art und Weise - war für mich unmoralisch. Das ist auch der Hauptgrund, warum so viele Menschen (auch wenn sie großartige Verkäufer wären) nicht im Verkauf sein wollen oder sich niemals als Verkäufer sehen, egal welcher Tätigkeit sie gerade nachgehen. In ihren Augen sind Verkäufer Drücker, Treppenterrier und Klinkenputzer und eine Beeinflussung ist für sie unethisch – sie wollen es nicht!

Kapitel #7: Der erste Eindruck

Viele Verkaufsgespräche scheitern bereits zu Beginn. Die ersten Worte sind noch nicht gewechselt und schon merken wir, dass wir in diesem Gespräch die verkehrte Karte gezogen haben.

Die Ursache: Die Chemie ist nicht stimmig! Andererseits gibt es Situationen, da wissen wir genau, dass in diesem Gespräch viel laufen wird.

Wohlgemerkt: bevor das Gespräch begonnen hat.

Neueste Untersuchungen besagen, dass wir innerhalb von 20 Millisekunden bis 20 Sekunden den Gesprächspartner abgecheckt haben. In dieser Zeit laufen im Unterbewusstsein gewaltige und unvorstellbare Meinungsbildungsprozesse ab. Innerhalb von Millisekunden werden gewaltige Datenmengen verarbeitet – kein Computer könnte schneller sein als unser Unterbewusstsein. Denn dies ist unser Datenspeicher – ohne Begrenzung und nur zu wenigen Prozenten ausgelastet.

Jede Kommunikation läuft auf zwei Ebenen ab:

1. Die Sachebene/Inhaltsebene und

2. Die Beziehungsebene.

Das, was wir mitteilen, teilen wir mit der Sprache, Stimme, Wortwahl, Tonfall und mit dem Körper mit. Mit den gesprochenen Worten zielen wir auf die Inhaltsebene. Wir sprechen den rationalen Bereich unseres Gesprächspartners an.

Den weitaus größeren Bereich, der die Entscheidungsfindung zu etwa 90 % beeinflusst, den emotionalen Sektor, sprechen wir auf der Beziehungsebene mit unseren nonverbalen Botschaften an. Also: mit unserer Körpersprache!

Unbewusst stellen wir unseren jeweiligen Zustand durch unsere Körpersprache dar.

Sammy Molcho sagt: *„In der Körpersprache spiegelt sich der Zustand der Seele wieder!"* Wenn wir etwas nicht glauben, ziehen wir unmerklich die Augenbrauen hoch. Wenn wir nicht weiter wissen, reiben wir uns mit dem Finger an der Nase. Wenn wir unsicher sind, haben wir keinen Blickkontakt.

Unsere Botschaft wird von unserm Gesprächspartner auf Kongruenz (= Deckungsgleichheit) geprüft. Das bedeutet, er beobachtet, ob unsere Aussage mit unserer Körpersprache übereinstimmt. Stellt unser Kommunikationspartner Unstimmigkeiten fest zwischen der verbalen und der nonverbalen Botschaft, orientiert er sich intuitiv nach der Aussage unserer nonverbalen Botschaft. Die Körpersprache lügt wirklich selten.

Als Verkäufer solltest du streng darauf achten, deine körperliche Präsenz bewusst zu kontrollieren. Dies ist entscheidend bei der Bildung des ersten Eindrucks in der Phase der Begrüßung.

Entscheidende Anmerkung: Deine gerade und aufrechte Körperhaltung signalisiert Selbstbewusstsein. Du strahlst Erfolg und Zuversicht aus – nichts anderes will dein Gesprächspartner sehen. Trantüten und Quasselstrippen hat er den ganzen Tag um sich rum!

Falls du einmal doch nicht so gut drauf sein solltest, hast du trotzdem nicht das Recht, deine trübe Stimmung für andere sichtbar zu machen. Tu so, als ginge es dir gut – und es wird dir ausgezeichnet gehen.

Kapitel #8:   Der Beziehungsaufbau

Manche Verkäufer bauen Kundenbeziehungen ganz natürlich auf, andere tun sich schwer damit, sie haben es meistens in der Kindheit verlernt. Manche haben sogar gelernt, unnatürlich zu wirken. Deshalb musst du erneut lernen und üben, wie du Beziehungen aufbaust.

Ich gebe dir einige Beispiele, welche Fragen ich meinen potentiellen Interessenten während unseres ersten Termins stelle. Probiere das bei den Interessenten aus, mit denen du bereits Termine vereinbarst hast.

Wenn du den Kunden zum ersten Mal besuchst, dann finde etwas über das Erscheinungsbild des Unternehmens heraus. Beobachte, was am Gebäude, Standort oder Erscheinungsbild des Unternehmens dein Interesse weckt. Stell dann eine Frage zu dieser Beobachtung:

1. *„Das ist ein interessantes Gebäude. Von welchem Architekten stammen die Planungen?"*

2. *„Dieses Gebäude sieht aus, als sei es vor vielen Jahren eine Textilfabrik gewesen. Wann sind Sie hier eingezogen?"*

3. *„Wann haben Sie Ihr Unternehmen gegründet?"*

3. *„Von meinem Büro habe ich eine Stunde gebraucht zu Ihnen. Kommen Sie aus der Gegend hier?"*

Du kannst den Kunden auch fragen, wie er zu dem geworden ist, was er heut ist:

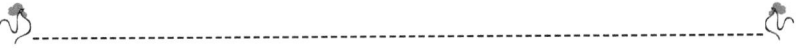

1. „Wie lange arbeiten Sie schon für das Unternehmen ABC-GmbH?"
2. „Wann haben Sie das Werk als Werksleiter übernommen?"
3. „Vor welchen großen Herausforderungen standen Sie?"
4. „Wie haben Sie den Einstieg in diese Branche geschafft? Was haben Sie davor gemacht?"
3. „Wie lange unterrichten Sie schon Naturwissenschaften? Wann haben Sie sich entschieden, Professor zu werden? Was motivierte Sie?"

Dein Gesprächspartner wird deine Fragen höchstwahrscheinlich alle beantworten, sofern deine Frage sich immer auf seine letzte Antwort bezieht. Er wird sich immer mehr in das Gespräch vertiefen.

Kapitel #9: DNS = Der Nächste Schritt in der Angebotsphase

Verkäufer: *"Ich schicke Ihnen dann ein Angebot."*

"Okay Herr Interessent, wenn Sie keine weiteren Fragen haben, dann mache ich das Angebot für Sie fertig" beendet der Verkäufer sein Verkaufsgespräch.

"Ja, das ist in meinem Sinne!", meint der Kunde und der Verkäufer freut sich, dass alles gut gelaufen ist.

Wenige Tage nach der Zusendung des Angebotes beginnt die unendliche Geschichte der Nachfassaktionen. Diese Vorgehensweise zeigt dir, warum deine Abschussquote von Angebot zu Auftrag so niedrig ist.

Deinem Gesprächspartner hast du eine Steilvorlage geliefert – denn was soll er aus reiner Höflichkeit sonst antworten: „*Nein Danke, ich will a) kein Angebot und b) gehen Sie bitte jetzt.*" Das wird er wohl selten sagen.

- Hast du dir schon mal Gedanken darüber gemacht, wie viel Zeit du benötigst, um ein Angebot zu schreiben?

- Hast du dir schon mal Gedanken darüber gemacht, diese Zeit deinem Interessenten in Rechnung zu stellen?

- Hast du mental die Einstellung, dass du mit deinem Angebot eine werthaltige Information gratis ablieferst?

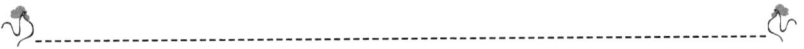

Jetzt wirst du sicher sagen: *"Hahn, was schreibst du denn da für einen Blödsinn, für ein Angebot zahlt doch kein Kunde Geld!"* Hey Fritz, ich habe Kunden, da dauert die Berechnung eines individuell anzufertigen Produktes schon mal zwei Tage und dieser Aufwand wird in Rechnung gestellt. In Berlin gibt es einen Fotohändler, der berechnet für die Präsentation einer Kamera 40 Euro, die bei Kauf angerechnet werden. Kannst du dir vorstellen, wie viele Kundengespräche er geführt hat um am Ende zu hören: *"Okay, danke für die Präsentation, ich denke noch mal darüber nach."* Und anschließend hat dieser Interessent die Kamera im Internet gekauft – er wurde ja erstklassig beraten.

Was passiert mit deinen Nachfass-Telefonaten? *"Wir haben uns noch nicht entschieden"* oder *"Wir brauchen noch einige Tage Bedenkzeit"* oder *"Wir haben uns für Ihren Mitbewerber entschieden"* - das sind doch die Informationen, die du von deinen Interessenten hörst.

Doch wie gehen die Topp-20%-Verkäufer in dieser Phase vor?

Der erste Schritt aus meiner Sicht ist, dass der Kunde das Angebot aktiv einfordert. Damit signalisiert er bereits echtes Kaufinteresse.

Ein Beispiel:

Verkäufer: "*Prima, wenn es keine weiteren Fragen gibt, was benötigen Sie noch von mir für Ihre Entscheidung?*"

Kunde: "*Als nächstes brauchen wir ein Angebot mit der genauen Investitionssumme.*"

Verkäufer: *"Sehr gerne erstelle ich Ihnen ein Angebot mit der genauen Investitionssumme. Heißt das, dass alles andere für Sie, so wie heute besprochen passt und Sie sich, wenn wir die Investitionssumme mal außen vor lassen, für uns entscheiden werden?"*

Kunde: *„Ja, es sind alle Punkte soweit besprochen."*

Angebot nachfassen: **Variante 1 mit DNS**

Verkäufer: *„Okay, dann mache ich das Angebot am Freitag fertig und lassen Sie uns jetzt einen Termin finden, an dem ich Ihnen das Angebot präsentiere. Wie sieht es bei Ihnen am Wochentag - Datum – Uhrzeit aus?"*

Kunde: *„Passt."*

Was hast du mit dieser Vorgehensweise erreicht? Dass der Kunde den Weg mit dir gemeinsam geht, du hast mit ihm den nächsten Schritt festgelegt (DNS = Der Nächste Schritt).

Auftragswahrscheinlichkeit: 80 bis 100%

Angebot nachfassen: **Variante 2 mit DNS**

Kunde: *„Passt, aber schicken Sie mir vorab das Angebot per Mail zu."*

Deine Antwort (weiterhin DNS):

Verkäufer: *„Das ist auch eine Möglichkeit Herr Interessent, ich schicke Ihnen das Angebot per Mail am Freitag zu und lassen Sie uns jetzt einen Termin vereinbaren, an dem wir das Angebot besprechen.*

Mein Terminangebot ist Wochentag – Datum – Uhrzeit – wie sieht es da bei Ihnen aus?"

Auftragswahrscheinlichkeit: 60 bis 80%

Angebot nachfassen: **Variante 3 mit DNS**

Kunde: *„Passt, schicken Sie uns das Angebot per Mail zu und wir melden uns."*

Oh, da will doch dein Gesprächspartner partout nicht mit dir den Weg gemeinsam gehen.

Verkäufer: *„Herr Kunde, da höre ich raus, dass es von Ihrer Seite noch Fragen/Bedenken zu meinem Angebot gibt. Welche sind das?"* Mit diesem Schritt heißt es ganz schnell wieder in den Verkaufsprozess zu gehen.

Denn wenn der Kunde jetzt nicht kauft, warum in aller Welt sollte er dann kaufen, wenn er ein schriftliches Angebot vorliegen hat? Zumal du deine Leistungen in einem schriftlichen Angebot bei weitem nicht so emotional und kundenorientiert darstellen kannst, wie du das im persönlichen Kundenkontakt machst.

Setzt du diese Strategie um, wirst du möglicherweise das eine oder andere Angebot weniger im Angebotstrichter haben. Gleichzeitig verspreche ich dir, aus meiner eigenen Erfahrung und der Erfahrung vieler TrainingsteilnehmerInnen, dass sich deine Abschlussquote deutlich erhöht.

Und du gewinnst mehr Zeit, mit anderen Kunden gute Geschäfte zu machen, die mit dir den gemeinsamen Weg DNS gehen.

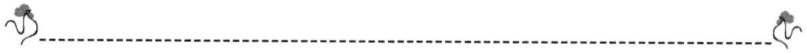

Das führt bei dir zu einem höheren Umsatzplus und zusätzlich zu einem ordentlichen Motivationsschub.

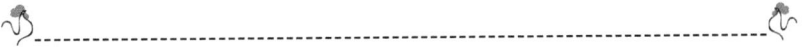

Kapitel #10: Sag die Wahrheit – Lügen haben kurze Beine

Denn die Wahrheit ist einfacher und leichter zu merken!

Vor einiger Zeit habe ich ein Buch der Lügen und Notlügen gelesen. Im Durchschnitt gibt jeder von uns ungefähr 200 Notlügen von sich. Das sind eine Menge Lügen! Aber ich will noch klarstellen, wonach der Autor gesucht hat. Als er nach den Notlügen fragte, meinte er auch all die Gelegenheiten, wo eine Person zur anderen sagt: *„Ich freue mich, dass Sie heute vorbei gekommen sind"*, wenn man in Wirklichkeit vielleicht gar nicht so erfreut darüber ist. Diese Sorte von Unwahrheit habe ich allerdings nicht im Sinn, wenn ich dir empfehle, deinen Kunden immer die Wahrheit zu sagen.

Verkäufer sind beziehungsorientiert. Sie bauen sie auf Vertrauen und persönlichen Kontakt auf und sind auf Gedeih und Verderb auf die Stabilität dieser Beziehung angewiesen. Nun kann diese Tatsache zunächst auch als ein überzeugendes Argument für eine gelegentliche „Notlüge" im Sinne einer gesellschaftlichen Konversation dienen – und gegen alle anderen Arten von Lügen.

Lass uns dazu zwei Beispiele betrachten:
„Meine Güte, das ist ja wirklich ein phantastisches Büro. Ich wünschte, mein Arbeitsplatz sähe auch so modern aus." (In Wirklichkeit ist dein Büro noch viel schöner als das deines Kunden).

Da ist nicht viel dabei. Es gibt ja einige Verkäufer, die finden, dass es leichter ist, mit dem Kunden in Kontakt zu kommen, wenn sie solche oder ähnliche Bemerkungen machen, um das Eis zu brechen. Und ist das schlimm, wenn du dabei ein wenig übertreibst?

Selbst wenn der Kunde eines Tages die schreckliche Wahrheit erfährt, dass du in einem so imposanten Büro arbeitest, ist mit einer solchen Bemerkung wohl kaum ein wirklicher Schaden entstanden.

„Und was die Lieferzeit betrifft, um die Sie gebeten haben: Ich glaube nicht, dass es mit der Einhaltung dieses Termins irgendwelche Schwierigkeiten geben wird, obwohl ich das noch mit den Leuten aus der Produktion klären muss, nachdem wir heute alles schriftlich aufgesetzt haben." (In Wahrheit weißt du ganz genau, dass du den vom Kunden verlangten Liefertermin im zwei Wochen überschreiten wirst – ganz egal, was die Leute von der Produktion sagen).

STOPP! SO NICHT! Hier wird versucht, eine neue Geschäftsbeziehung mit einem potentiellen Kunden aufzubauen, in dem der Verkäufer bewusst ein falsches Bild von seiner Fähigkeit gibt, ein Problem zur Zufriedenheit des Kunden zu lösen.

Wenn die Dinge später nicht so laufen, wie sie sollen – und das passiert in neun von zehn Fällen – dann wird sich der Kunde kaum noch an den kleinen Rückzieher erinnern, den der Verkäufer gemacht hat.

Woran er sich auf jeden Fall noch erinnert ist die Aussage des Verkäufers, das Produkt könne am 1. des Monats geliefert werden und das verdammte Zeug ist erst am 15. im Lager eingetroffen. In dem Moment wird man diesen Verkäufer nicht länger für jemanden halten, der Probleme löst, sondern er ist das Problem. Er ist ein Verkäufer, der mehr verspricht als er halten kann. Und das ist sicher nicht der Stoff, aus dem Folgegeschäfte gemacht werden.

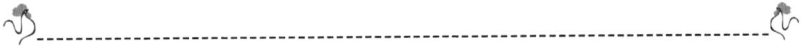

Soll ich dir noch ein weiteres Argument geben? Denk bitte über folgendes nach: Wenn du allen Leuten nur immer sagst, was diese hören wollen, bekommst du das Problem, dass du nicht mehr klar denken kannst. Du hast es mit fünfzehn verschiedenen Kunden zu tun, von denen du jeden auf eine andere Art das Blaue vom Himmel versprochen hast. Es ist nur eine Frage der Zeit, bist du selbst verwirrt bist und in ein schreckliches Dilemma kommst.

Mein Tipp: Sag die Wahrheit, sie ist leichter zu merken!

Nur 30% der Kunden nennen den wahren Grund ihrer Ablehnung. 70% der Kunden begründen ihre Ablehnung mit scheinrationalen Argumenten (zu teuer, keine Zeit, andere Prioritäten, Investitionsstop).

Der wahre Grund kommt fast immer aus dem emotionalen Bereich:

- Fehlende Wellenlänge, "Nasenfaktor" stimmt nicht,
- emotionale Bindungen zu Wettbewerbsverkäufer,
- kein Vertrauen zum Verkäufer,
- Entscheidung ist zu unbequem, zu aufwändig, zu unsicher.

Kapitel #11: Sprache im Verkauf

Die Welt des Verkaufens ist die reale Welt.
Verkaufen ist das Herz des Handels.
Verkaufen ist der Puls der gesamten Wirtschaft.
Und **Verkäufer** steuern das alles!

Viele Menschen (selbst Verkäufer gehören auch dazu) haben gar keine klaren Vorstellungen oder Ideen, was alles zum Verkauf und zum Verkaufen gehört. Sie denken eher an das negative Image: Klinkenputzer, Drücker und Treppenterrier.

Denk doch mal darüber nach, was alles zum Verkaufen gehört:

- Es geht um Kommunikation.
- Es geht um Engagement.
- Es geht um Bedarf und Bedürfnisse, um Träume und Wünsche.
- Es geht um Verhandlungen.
- Es geht um Aufträge.
- Es geht um Geld.
- Es geht um Mitbewerb.
- Es geht um Kunden-Erwartungen.
- Es geht um Lieferungen.
- Es geht um das Einhalten von Versprechungen.
- Es geht um Wahrheit.
- Es geht um partnerschaftliche Beziehungen.
- Es geht um Vertrauen.
- Es geht um Risiko.
- Es geht um Ziele.
- Es geht um WERThaltige NUTZENargumentation.

- Es geht um das Ansehen.
- Es geht um Erfolg oder Niederlage.
- Es geht um das Maximale.
- Es geht um das Überleben des Besten und des Tüchtigsten.
- Es geht um Hoffnung.
- Es geht um Gehälter und Prämien.
- Es geht um Life-Style.
- Es geht um Anerkennung.
- Es geht um ein Geschäft von Mensch zu Mensch.

Es gibt keinen zweiten Platz im Verkauf, keine Silbermedaille oder einen Vize-Titel - entweder du gewinnst oder du verlierst. Manchmal gewinnst du oder du stirbst, oder lass es mich freundlicher sagen: *„Du kannst deinen Laden dicht machen!"*

Als Verkäufer solltest du mit Ablehnung umgehen können, wiederholten Ablehnungen und manchmal auch harten Abweisungen. Du solltest auch den Willen, die Kraft, die Kreativität und auch die Entschlossenheit mitbringen, es immer wieder zu versuchen, denn Verkaufen ist ein Verb, ein TU-Wort!

Als Verkäufer hast du sowieso drei Chefs:

- dein Boss im Unternehmen,
- deine Kunden und
- deine Mutter.

Sehr oft treten hier Konflikte auf. So erzählt dir dein Boss wie und wann du fremde Menschen anbaggern sollst, während deine Mutter ja immer gesagt hat: *„Sprich ja keine fremden Menschen an!"*

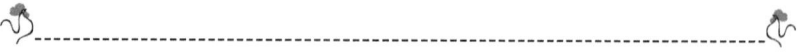

Und als Verkäufer ist es deine Aufgabe, den komplexen Zusammenhang zwischen Verkaufs- und Kaufatmosphäre zu verstehen, ansonsten wirst du nie deine Ziele erreichen. Hier geht es weniger um den Abschluss; es geht mehr um das Verstehen, Definieren und Beherrschen aller Verkaufs-, Kaufs-, Kommunikations- und Beziehungskomponenten, so dass ein Abschluss erfolgen wird.

Der Verkauf hat seine eigene Sprache – ein eigenes Lexikon

Manche Wörter haben im Verkauf eine völlig andere Bedeutung. Hier habe ich einige Begriffe für dich aufgeschrieben:

Kunden: Menschen, die dir dein Einkommen verschaffen.

Derzeitige Kunden: Dein Einkommen. Dein Profit.

Zufriedene Kunden: Das sind Menschen, die in Zukunft überall einkaufen, nicht nur bei dir. Alle deine zufriedenen Kunden sind stark abwanderungsgefährdet. ACHTUNG: GROSSE GEFAHR!!!

Zufriedenheit: Die unterste Stufe des zu akzeptierenden Services.

Loyale Kunden: Das sind Menschen, die sehr viel bei dir kaufen, die dir gerne Referenzadressen geben und dich gerne persönlich und schriftlich weiterempfehlen.

Niedrigster Preis: Geringster oder gar kein Profit (du verspielst deinen Arbeitsplatz).

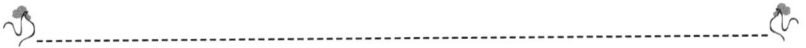

Ärgerlicher Kunde: Eine Gelegenheit, die dich durch aktive Erledigung der Probleme nachhaltig bei dem Kunden in Erinnerung bringt. Ist auch ein Indiz dafür, dass du etwas verkehrt gemacht hast.

Unverschämter Kunde: Du solltest herausfinden, warum es so ist. Irgendeinen Grund wird dein Kunde schon haben, warum er so auftritt.

Preis: Das am meisten gefürchtete Wort im Verkauf. Wird oft verwechselt von schwachen Verkäufern mit dem Wort "WERT".

Rabatt: Geld das du oben wegnimmst, wird dir bei deiner Provision wieder fehlen. Rabatt ist ein anderes Wort für *Verzweiflung*.

Kein Interesse: Die Kundenantwort, wenn ein Verkäufer kein Interesse an diesem Kunden hat.

Engagement: Die Fähigkeit des Verkäufers, auf hohem Level Interesse zu wecken. Die Fähigkeit des Verkäufers provozierende und intelligente Fragen zu stellen. Fragen, die deine Konkurrenten nie stellen würden.

Einwand: Nur ein Vorwand oder besser: ein Kaufsignal seitens des Kunden.

Kaltakquisition: Trotz Internet und Smartphone ist Kaltakquisition immer noch die Nr. 1, um deine Verkaufspipeline mit qualifizierten Interessenten zu füllen. Kaltakquisition ist aber nur dann erfolgreich, wenn sie zielorientiert, angemessen und professionell eingesetzt wird.

Den Abschluss gemacht: AUFTRAG – HERZLICHEN GLÜCKWUNSCH – PROVISION – HURRA – Wow!!!

Service: Sollte 24 Stunden am Tag und 365 Tag im Jahr ordnungsgemäß funktionieren.

Glaube: Die innere JA!-Einstellung, die dem Verkäufer die Sicherheit gibt, den Auftrag reinzuholen.

Eigenschaften: Der innere Prozess, der positive Vorfreude und positive Ausstrahlung bringt.

Gelegenheit: Jedes Zusammenspiel mit einem Interessenten/Kunden ist eine Gelegenheit, neue Beziehungen aufzubauen, die in einem Verkauf enden.

Empfehlung: Wenn sie früh angegangen wird, ist es der einfachste Weg, Verkäufe zu tätigen. Du solltest nicht danach fragen, du solltest sie dir verdienen.

Die freiwillige Referenz: Das ist die Visitenkarte deines Kunden.

Empfehlungsschreiben: Die verkaufsstärkste Kanone im Waffenarsenal des Verkäufers.

Broschüre: Ein Bündel von schriftlicher Selbstbeweihräucherung – erstellt von Marketingexperten und Anzeigenspezialisten, die vom Verkaufen keine Ahnung haben. Das kostet alles viel Geld und dein Kunde wirft das Zeug ungelesen in den Papierkorb.

Training: Wenn es in realer Umgebung und damit im Tagesgeschäft stattfindet, ist es eine ideale Gelegenheit, wieder mehr zu lernen. Wenn es ein langweiliges Training im Hotel ist, wirst du während des Unterricht deine Mails auf dem Smartphone lesen und beantworten oder einfach nur ein Nickerchen machen.

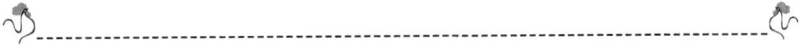

Boss: Ein Anführer, ein Lehrer, ein Coach, ein Förderer. Kein Manager.

Der wahre Boss: dein Kunde!

Gewinnen: Daran denken Spitzenverkäufer, sobald sie mit einem Interessenten oder Kunden zusammentreffen. Denn merke dir eins: Gewinner haben immer einen Plan, Verlierer immer eine Entschuldigung!

Weinen und Jammern: Das machen die Verkäufer, die einen Auftrag zum wiederholten Male vergeigt haben oder wenn es nicht so läuft, wie sie sich das vorgestellt haben. Schuld sind ja immer die anderen.

KLARE ANSAGE: Verkaufen ist das älteste Gewerbe der Welt: Eva hat Adam den Apfel verkauft.

KLARE ANSAGE: Jeder Verkäufer lebt nach seinen eigenen Regeln und Standards.

KLARE ANSAGE: Unternehmen können alle ihre Wünsche diktieren und aufschreiben. Aber zum Schluss werden die besten Verkäufer ihre eigene Vorgehensweise durchboxen. Sie haben ihre eigenen Regeln. Sie legen sie selber fest.

KLARE ANSAGE: Verkäufer sind deswegen im Verkauf, weil sie ihre eigene Strategie und Taktik einsetzen und unglaublich viel Erfolg haben.

Beispiele für eine besondere Sprache:

Andreas Möller: *"Mein Problem ist, dass ich immer selbstkritisch bin, selbst mir gegenüber."*

Fritz Walter (der Jüngere): *"Der Jürgen Klinsmann und ich, wir sind ein gutes Trio, ich meine Quartett."*

Roland Wohlfahrt: *"Zwei Chancen, ein Tor – das nenne ich hundertprozentige Chancenauswertung."*

Die richtigen und falschen Worte im Verkauf

Viele Worte, die im Verkauf gebräuchlich sind, können in den Köpfen der Kunden angstbesetzte oder auch negative Gefühle auslösen. Die Erfahrung von Tausenden von Verkäufern bestätigt, dass es unerlässlich ist, solche Worte durch positive und beruhigende Ausdrücke zu ersetzen.

Als erstes empfehle ich dir, dass Wort *„Verkaufen"* zu ersetzen. Viele Verkäufer erzählen ihren Kunden und Interessenten, dass sie bereits viele Produkte *„verkauft"* haben. Welches Bild ruft das im Kopf deines Gesprächspartners hervor? Niemand hat es gerne, wenn ihm etwas *„verkauft"* wird. Dieser Eindruck erweckt den Eindruck von Zwang, der durch bestimmte Verkaufstechniken ausgeübt worden ist und das wiederum erschreckt die Menschen. Es erweckt weiterhin den Eindruck, dass diese ganze Transaktion eine einseitige Sache gewesen ist und der Kunde recht wenig dabei zu sagen gehabt hat. Deshalb solltest du das Wort *„verkaufen"* ersetzen durch die Worte *„erwerben"* oder *„besitzen"*. Diese Worte klingen weicher und stehen für das Bild eines hilfsbereiten Verkäufers, der mit einem dankbaren Kunden in ein und denselben Vorgang mit einbezogen ist.

Ein anderes gebräuchliches Wort ist *„Vertrag"*. Was fällt dir dazu spontan ein, wenn du dich selbst als Kunde siehst? Für die meisten Menschen hat das Wort *„Vertrag"* einen negativen Beigeschmack. Schließlich haben uns Mama und Papa von Kindesbeinen an vor solchen *„Verträgen"* gewarnt. Es hat etwas mit Endgültigkeit und Gesetz zu tun und gibt dir das Gefühl, irgendwie eingesperrt zu sein. Wo gehen wir hin, um aus irgendwelchen Verträgen wieder herauszukommen? Zum Gericht – keine schöne Vorstellung.

Statt „*Vertrag*" verwende bitte in Zukunft die Worte „*Vereinbarung*", „*Vorlage*" oder „*Formblatt*". Haben auch diese Worte einen negativen Beigeschmack? Vielleicht, aber zumindest wirken sie doch viel weniger furchteinflößend als das Wort „*Vertrag*".

Und was ist mit den Wörtern „*Kosten*" und „*Preis*"? Wenn ich diese Wörter höre, sehe ich buchstäblich, wie mein hart-verdienstes Geld aus meiner Geldbörse verschwindet. Damit rate ich meinen Seminarteilnehmern immer, die Worte „*Kosten*" und „*Preis*" durch die Ausdrücke „*Investition*" oder „*Betrag*" zu ersetzen. Bei dem Wort „*Investition*" entsteht nämlich in den Köpfen der Käufer der Eindruck, dass sie für das, was sie bezahlen, auch etwas zurückbekommen. Für Produkte, bei denen der Ausdruck „*Investition*" nicht passt, verwende einfach das Wort „*Betrag*".

Das gleiche gilt auch für die Worte „*Anzahlung*" oder „*Monatsraten*". Bei den meisten Menschen entsteht bei diesen Worten im Kopf ein Bild von einer Menge Geld, das ihnen Monat für Monat - wenn schon nicht für ewige Zeiten, so doch für einige Jahre – schmerzhaft in ihrem Geldbeutel fehlen wird. Sie sehen ständig Rechnungen eintrudeln und fortwährend Überweisungen ausschreiben – für die meisten Personen keine erfreuliche Situation. Ersetz diese Worte durch „*Erst-Investition*", „*Erst-Betrag*", „*monatliche Investition*", „*monatlicher Betrag*".

Topp-20%-Verkäufer schlagen ihren Kunden niemals einen „*Handel*" oder auf neudeutsch einen „*Deal*" vor. Sie bieten eine „*günstige Gelegenheit*" an oder „*beziehen Sie in ein gutes Geschäft mit ein*".

Kunden haben keine „*Einwände*" gegen unsere Produkte und Dienstleistungen, sie „*äußern höchstens einige Bedenken.*"

Ich „*biete mein Produkt oder meine Dienstleistung keinem Kunden an*", ich „*präsentiere oder demonstriere*" ihm mein Produkt oder meinen Service auf eine Art und Weise, wie es ein selbstbewusster Profi tut.

Der letzte, aber darum nicht weniger wichtige Ausdruck, den du in deinem Wortschatz ändern bzw. verbannen solltest, ist „*unterschreiben*". Bitte niemals einen Gesprächspartner, „*den Vertrag jetzt zu unterschreiben*". Was geschieht gefühlsmäßig, wenn Menschen aufgefordert werden, etwas zu unterschreiben? Bei den meisten klingelt doch sofort die Alarmglocke. Sie zögern und werden vorsichtig. Plötzlich wollen si alles, was sie unterschreiben sollen – egal was es ist – noch mal durchlesen, Wort-für-Wort, Seite-für-Seite! Von Kind an ist es uns doch eingebläut worden, niemals etwas zu „unterschreiben", ohne es nicht vorher aufs Genaueste geprüft zu haben.

Also, warum solltest du das Gefühl in jemanden wachrufen, von dem du doch nur willst, dass er ein glückliche Besitzer deines Produktes oder deiner Dienstleistung ist? Statt ihn zu bitten, zu „*unterschreiben*" bitte ihn lieber, deine Vereinbarung „*zu genehmigen*", „*zu billigen*", „*abzuzeichnen*", oder „*sein Okay dazu zu geben*". Alle diese Begriffe lassen im Kopf deines Gesprächspartners nur positive Bilder und Assoziationen entstehen, und das ist doch genau das, was du in den Kopf deines Interessenten/Kunden hineinprojizieren willst.

Was ist mit dem Wort „*müssen*"? „*Du musst noch dein Zimmer aufräumen!*" „*Du musst jetzt Verkaufen lernen!*" *Du musst den Müll noch nach unten bringen!*" Merkst du, dass bei diesem Wort ein Zwang dahinter steht? Wer macht schon etwas gerne, wenn er es muss. „*Sie müssen mir zuerst das Fax senden, dann lege ich los!*" Besser ist doch die Aussage: „*Sobald sie mir das Fax zugesandt haben, lege ich mit den richtigen Aktivitäten sofort los!*"

Du erinnerst dich an das Wort „Nicht"? „Denk nicht an den Eiffelturm." Oder: „Denk nicht an die Farbe Blau!" Siehst du, in dem einen Fall denkst du an den Eiffelturm und in dem anderen Fall an die Farbe Blau. Warum ist das so? Dein Gehirn kann einfach nicht *nicht* denken! Zuerst denkst du an den Eiffelturm, und dann kommt die Logik und sagt zu dir: *„Wisch ihn weg, du sollst ja nicht dran denken!"* Und woran denkt wohl der Kunde, der die Aussage hört: *„Denken Sie im Moment nicht an den Preis?"*

„Ich kann nicht vor Freitag liefern."
Negativ! Klar, du kannst den Kundenauftrag nicht vor Freitag ausliefern. Aber du kannst sagen: *„Ich habe diesen Auftrag zur Lieferung am Freitag terminiert."* Die Fakten sind die gleichen – nur diese Aussage wird besser und schneller verstanden, und du hilfst deinem Kunden eher, als wolltest du etwas behindern.

„Ich bin mir nicht ganz sicher."
Natürlich bist du dir sicher. Du bist dir sicher, dass du sicher etwas nicht weißt.
Sag doch: *„Die Informationen liegen mir noch nicht vor. Ich bekomme gleich einen Rückruf, und ich rufe Sie heute Nachmittag noch an, um Sie darüber zu informieren."*

„Darf ich nach Ihrem Namen fragen?"
Oh, oh, du brauchst nun wirklich keinen Menschen zu fragen, ob du ihn fragen darfst.
Sag doch: *„Bitte nennen Sie mir Ihren Namen."*

„Kann ich Sie da mal unterbrechen?"
Klar kannst du das! Du hast doch sicher schon mal jemanden unterbrochen, oder?
Sag doch: *„In dem Zusammenhang habe ich noch zwei Fragen an Sie ..."*

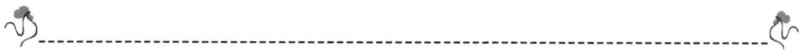

„Kann ich Ihnen dazu eine Frage stellen?"

Du sollst und du musst Fragen stellen. Aber bitte nicht um Erlaubnis fragen, ob du eine Frage stellen darfst.
Sag doch: *„Ich weiß, Herr Krüger, dass Sie im Moment viel zu tun haben, wann ist eine gute Zeit, um über das Projekt …… zu sprechen?"*

„Können Sie Ihren Namen buchstabieren?"
Klar kann dein Gesprächspartner das. Er ist ja zur Schule gegangen und hat das Alphabet gelernt. Diese Frage ist eine BELEIDIGUNG! Seine korrekte Antwort auf diese Frage ist: *„Ja, das kann ich."* Und die rote A-Karte hast du!
Sag doch: *„Damit ich Ihren Namen korrekt schreibe – bitte buchstabieren Sie ihn."*

„Sie wollen es nicht tun."
Viele Menschen sprechen immer darüber, was andere nicht tun wollen.
„Diese Verkäufer wollen ihren Forecast nie rechtzeitig abgeben."
Sag doch: *„Sie werden den Report am Freitag abliefern. Ich habe sie aufgefordert, jetzt besser zu kooperieren."*

„Da muss ich mich erst schlaumachen."
Wer bist du? Ein Niemand? Damit sagst du: *„Ich habe wirklich überhaupt keine Ahnung davon – ich bin zu blöd dazu."*
Sag doch: *„Ich bin Spezialist für den Bereich Hardware, mein Kollege macht die Software. Ich halte Rücksprache mit ihm, kläre den Sachverhalt und rufe Sie morgen gegen 10 Uhr wieder an."*

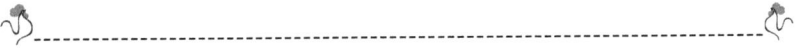

„Wenn ich es herausfinde ..."
Kündige an, dass du es erfolgreich herausfinden wirst.
Sag doch: *„Ich halte Rücksprache mit einem Spezialisten und rufe Sie morgen Nachmittag an, ist das okay für Sie?"*

Deine Gedanken, deine Worte und deine Aktivitäten sind miteinander verbunden.

Die meisten Menschen werden bestätigen, dass wir sprachlich so klingen, wie wir uns fühlen. Wenn du dich müde und abgespannt fühlst, hörst du dich auch so an. Die meisten Menschen werden aber auch realisieren, dass wir nicht nur so klingen, wie wir uns fühlen, sondern auch so denken.

„Ich versuche Sie später anzurufen. Ist das okay für Sie, wenn wir uns dann darüber unterhalten?"
Bist du mit dieser Aussage so proaktiv wie möglich? Sprichst du so, erkennt dein Gesprächspartner, dass du im Moment kein Interesse an einem Gespräch hast und auch nicht willens bist, für ihn etwas zu tun. Und das Ergebnis wird sein, dass dein Gesprächspartner ebenfalls so reagiert. Um sicher zustellen, dass das Gespräch auch wirklich stattfindet, sagst du:
„Ich rufe Sie in dieser Woche noch an, um mit Ihnen über das Thema zu sprechen. Ist Donnerstag, der 14. um 15 Uhr für Sie okay?"

Merke: Die Sprache ist das einzige Werkzeug, das einem Verkäufer zur Verfügung steht.

Worte, die verkaufen und Worte, die nicht verkaufen

Nr.	Wörter, die Verkaufen	Wörter, die NICHT Verkaufen
1	Sicherheit	Kosten
2	Verstehen	Bezahlen
3	Garantie	Unterschreiben
4	Sparen	Sorgen
5	Wahrheit	Verlieren
6	Vertrauen	Verkaufen
7	Geborgenheit	Schlecht
8	Erwiesen	Entscheidung
9	Leicht	Schwierig
10	Einfach	Vertrag
11	Komfort	Verbindlichkeit
12	Ergebnisse	Versuchen
13	Investition	Verlust
14	Gewinn	Schmerzen
15	WERThaltiger Nutzen	Tod
16	Glücklich	Preis
17	Liebe	Hart
18	Stolz	Verpflichtung
19	Geld	Versagen
20	Profit	Unterlassen
21	Spaß	Unmöglich
22	Preisanpassung	Preiserhöhung
23	Eine gute Wahl	Müssen
24	Offen	Nicht

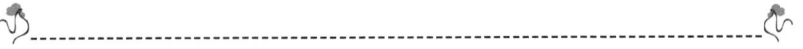

Ein Satz mit acht gleichen Wörtern und acht Bedeutungen

01	„Ich sagte nicht, er habe das Geld gestohlen."
	Hierbei handelt es sich um eine schlichte Aussage.
02	„ICH sagte nicht, er habe das Geld gestohlen."
	Damit deute ich an, dass es zwar gesagt wurde, aber **nicht von mir**.
03	„Ich SAGTE nicht, er habe das Geld gestohlen."
	Ich habe es möglicherweise angedeutet, aber nicht gesagt.
04	„Ich sagte NICHT, er habe das Geld gestohlen."
	Ist eine eindeutige Verneinung, dass ich so was gesagt habe.
05	„Ich sagte nicht, ER habe das Geld gestohlen."
	Damit bringe ich zum Ausdruck, jemand anders habe es gestohlen.
06	„Ich sagte nicht, er habe DAS Geld gestohlen."
	Er mag Geld gestohlen haben, aber nicht dieses bestimmte Geld.
07	„Ich sagte nicht, er habe das GELD gestohlen."
	Er hat vielleicht wirklich etwas gestohlen, aber sicher nicht das Geld.
08	„Ich sagte nicht, er habe das Geld GESTOHLEN."
	Möglicherweise hat er das Geld nicht gestohlen, sondern nur geliehen.
	Stets die gleichen acht Wörter, die aber mit einigen Stimmvariationen acht völlig verschiedene Sachverhalte wiedergeben.

Weißt du immer genau, was du da gerade hörst?

Wir Menschen haben zwei Ohren und einen Mund. Um gut und erfolgreich verkaufen zu können, wirst du lernen, diese Gottesgaben auch proportional zu deiner Zahl zu nutzen. Hör bitte zweimal so lange zu, wie du redest und du wirst fast immer die Menschen überzeugen. Wenn du mehr redest als zuhörst,

- erfährst du nichts über die Wünsche, Träume und Bedürfnisse deiner Gesprächspartner
- hast du Angst vor den Fragen, da du die Antworten nicht kennst
- erkennst du keine Kaufsignale oder ihre Bedenken
- weckst du Bedenken, die dein Gesprächspartner vorher gar nicht hatte
- lenkst du die Aufmerksamkeit deines Interessenten von deinem Angebot ab
- verdrängst du den Kunden aus seiner Hauptrolle
- kannst du nicht weiterdenken
- wirst du das Gespräch nicht steuern
- fällt es dir schwer, den Kunden davon zu überzeugen, was die beste Entscheidung für ihn ist.

Die meisten Verkäufer sind nicht der Ansicht, dass sie zu viel reden. Aber nach über 25 Jahren als Verkaufstrainer habe ich ein feines Gespür dafür entwickelt, wie viel exakt geredet wird und wie viel dazu wirklich notwendig gewesen wäre.

Um dein Gehör intensiv zu schulen, teste einfach diese zwei Beispiele:

#1: Hör Verkäufern zu, die anderen oder dir etwas verkaufen wollen. Achte bitte genau darauf, was deren Worte bewirken. Während du ihnen zuhörst, stell dir folgende Fragen:

- Erwecken ihre Worte positive oder negative geistige Bilder?
- Sagen sie etwas, was neue Einwände gegen dein Produkt oder deine Dienstleistung hervorrufen könnte?
- Sind alle diese Worte tatsächlich nötig?
- Stellen sie Fragen und hören aufmerksam den Kunden bei der Beantwortung zu?
- Bringen diese Fragen sie weiter oder sind sie im Endeffekt überflüssig, da der Kunde kein Bedürfnis geäußert hat, über all diese Möglichkeiten und Vorteile informiert zu werden?

#2: Versetz dich selbst in die Person des Käufers.
Du wirst wahrscheinlich entsetzt sein, wie viel Unsinn man reden kann. Um herauszufinden, was du in Zukunft alles weglassen kannst, stell dir folgende Fragen:

- Wie ist die Qualität der Fragen, die ich stelle?
- Sind meine Fragen dazu geeignet, Informationen zu bekommen, die mir bei meinem Verkaufsgespräch weiterhelfen, oder stelle ich die Fragen nur, weil mir gerade nichts Besseres einfällt.

Kapitel #12: Terminvereinbarungen am Telefon

Gehört zu deinen Aufgaben auch die Terminvereinbarung am Telefon, so weißt du sicher, wie anstrengend das sein kann.

Die Palastwache zu überzeugen, des Herausfinden der Entscheider, die richtige Vorwand-/Einwandbehandlung, die schroffe Ablehnung gerade am Telefon – da könnte ich jetzt noch mehr auflisten. Aber du weißt, wovon ich spreche.

Was sagst du dazu, wenn ich dir jetzt sage, dass alle diese Punkte fast keine Rolle spielen, wenn du den professionellen Ansatz bringst? Alle Punkte deines Gesprächspartners treten nur deswegen auf, weil du so sprichst. Dass deine Partner so regieren, liegt in dir begründet.

„Wie du in den Wald rein rufst, so schalt es auch heraus," diesen Spruch hast du ja sicher schon mal gehört.

Wenn dem so ist, dann ist es doch für dich viel einfacher, einige Dinge zu verändern und schon gehst du mit mehr Begeisterung und Erfolg an die Terminvereinbarung am Telefon.

Ich zeige dir jetzt, wie eine solche Lösung aussieht:
Lass uns starten mit einer schnellen Frage: *„Was ist der Grund für eine Terminvereinbarung?"*

Nein, das ist jetzt keine trickreiche Frage. Ich wundere mich immer wieder über die Antworten, die ich bekomme: „Einen Abschluss machen," „Mit Einwänden umgehen zu können", „Für den Auftrag qualifizieren" oder so ähnliche Punkte. Vielleicht liegt es daran, dass die Verkäufer in den seltensten Fällen nicht auf den Punkt kommen.

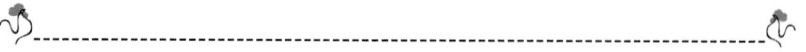

Die richtige Antwort lautet: *„Um einen Termin zu vereinbaren!"*

Aus, sonst nichts, es geht hier nur um einen Termin.

Das so viele Verkäufer scheitern, hängt doch nur damit zusammen, dass sie viel zu viele Informationen in dem Telefonat unbedingt loswerden wollen. Und richtig los geht es mit der Argumentation erst, wenn die Einwände hoch kommen. Das kennst du doch: *„Wir haben kein Geld dafür"* oder *„Wir haben einen Lieferanten"* oder *„Schicken Sie uns das doch zu"*.

Okay, hier kommt der Schlüssel zur Terminvereinbarung am Telefon:

Es gibt einen großen Unterschied zwischen einen Vorwand und einem Einwand und beide sind **unterschiedlich** zu behandeln.

Das ist gerade in der Terminvereinbarung sehr wichtig und ich sage dir, warum das so ist. Alles was du zuerst am Telefon von deinem Gesprächspartner hörst, sind keine Einwände, sondern lediglich Vorwände.

Das kannst du mit folgender Situation vergleichen: du bist in einem Kaufhaus unterwegs (in Regelfall weißt du ja genau, was du kaufen willst) und plötzlich spricht dich einer von hinten an mit der Frage: *„Kann ich Ihnen helfen?"*

Antwortest du in einem solchen Fall: *„Ne, ich will mich nur mal umschauen?"* Oh, du willst dich nur mal umschauen? Du bist doch im Kaufhaus unterwegs, um ganz konkret etwas zu kaufen. Doch deine erste Reaktion der Verkäuferin gegenüber ist lediglich ein Vorwand.

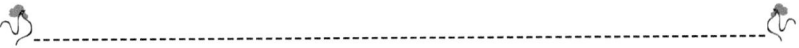

Diese Situation kannst du gut vergleichen mit der Terminvereinbarung. Alles was du hörst, sind Vorwände. Das können noch keine Einwände sein, weil du noch gar nicht ins Thema eingestiegen bist. Mit anderen Worten: vergiss an dieser Stelle deine Einwandbehandlung! Und weil das so ist, begehst du einen großen Fehler, wenn du in einer solchen Situation versuchst, auf die Einwände einzugehen. Machst du es trotzdem, wirst du keinen Termin bekommen und dein Gesprächspartner legt schnell den Hörer auf.

Jetzt sage ich dir ganz konkret (so wie du es von mir ja gewohnt bist!!!), was du bei deiner Terminvereinbarung sagst. So geht es:

Der **falsche** Weg mit Vorwänden umzugehen:

Gesprächspartner: *„Wir haben derzeit kein Geld dafür."*

Verkäufer: *„Kein Problem, wir bieten unterschiedliche Finanzierungsvarianten an, kommt für Sie eine Laufzeit von 36 oder 60 Monaten in Frage – und dann mit oder ohne Einmalzahlung zu Beginn?"*

Der **richtige** Weg mit Vorwänden umzugehen:

Gesprächspartner: *„Wir haben derzeit kein Geld dafür."*

Topp-20%-Verkäufer: *„Ah, ich verstehe. Es geht hier auch nicht um Geld. Es geht um den künftigen strategischen Ansatz einer Zusammenarbeit, sobald das Thema für Sie interessant wird. Um Ihnen die richtigen Informationen mitzubringen, habe ich noch zwei Fragen an Sie, ist das soweit okay?"*

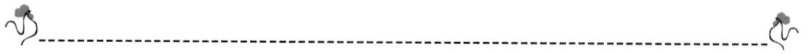

Du erkennst den Unterschied? Sobald Vorwände auftauchen, dann kannst du deine Einwandbehandlung vergessen. Nachdem du deine Fragen gestellt hast (ist gleich die Qualifizierung des Interessenten) fragst du noch nach dem Termin (Terminmantra: *„Mein Terminvorschlag ist Wochentag, Datum – Uhrzeit oder geht es bei Ihnen bereits in der kommenden Woche?")* – das ist alles.

Du weißt ja: Verkaufen ist einfach, aber nicht leicht!

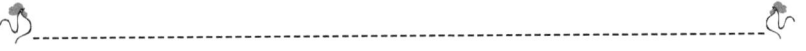

Kapitel #13: Terminvereinbarungen mit Palastwache

13.1	**Kaltakquise am Telefon mit Palastwache**
01	Palastwache: „Schönen guten Tag, ich bin Sonja Assistent – was kann ich für Sie tun?" „Schönen guten Tag Frau Assistent, hier ist Vorname Nachname von der ABC-GmbH in x-Stadt – verbinden Sie mich bitte mit Vorname Nachname – Dankeschön!" Die Aufforderung „…verbinden Sie mich bitte…" wird auch als posthypnotischer Befehl gesehen. Es ist eine direkte Aufforderung zum Handeln. Mit dieser Formulierung überzeugen Sie die Sekretärin/Assistentin sanft, aber hartnäckig. Viel zu viele Verkäufer sind in dieser Situation zu devot und verwenden eine untertänige Sprache: „Können Sie mich verbinden?" Kennst du den Vor- und Nachnamen deines Gesprächspartners, solltest du immer sagen: „Verbinden Sie mich bitte mit Wolfgang Huber" – die Palastwache unterstellt, dass du den gewünschten Gesprächspartner bereits kennst.

13.2	**Kaltakquise am Telefon** **Palastwache: „Um was geht es?"**
01	„Schönen guten Tag Frau..., ich bin Vorname Nachname von der ABC-GmbH in Werner Hahn – verbinden Sie mich **bitte** mit Herrn/Frau... – **Danke!**" Palastwache: „Um was geht es?" „Geben Sie mir noch ein Stichwort." „Um was geht es ganz konkret?" „Ja, Frau..., das sage ich Ihnen gerne - es geht ums • Vertriebs-**Management** • Software-**Management** • Facility-**Management** • Sicherheits-**Management** • IT-**Management** • ... bitte stellen Sie doch durch zu Herrn..., Danke!" Mit dem Begriff „Management" hat die Sekretärin nun wirklich nichts zu tun. Je weicher deine Sprache, umso eher wirst du hören: „Das brauchen wir nicht!" Mit dem Hinweis „Management" ist sie außen vor und wird zu deinem Gesprächspartner durchstellen. Sekretärin: „Das brauchen wir nicht, schicken Sie uns vorab einige Unterlagen und wir prüfen, ob das für uns wichtig ist." Jetzt ist dein schauspielerisches Talent gefragt, stell dich dumm und ahnungslos (ich weiß, es wird dir schwer fallen).

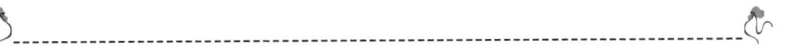

13.2 Kaltakquise am Telefon
Palastwache: *„Um was geht es?"*

01 Verkäufer: *„Ach, Frau Schneider, das ist interessant. Sie entscheiden in Ihrem Unternehmen über diese Dinge? Sind Sie die Entscheidungsträgerin in solchen Fragen?"*

Nun muss die Sekretärin verneinen, denn alles andere ist eine Anmaßung.
Im Regelfall wird sie jetzt kleinlaut beigeben und sagen: *„Das macht doch bei uns Herr Weber."*

Verkäufer: *„Dann verbinden Sie mich doch bitte mit Herrn Weber."*

Sekretärin: *„Herr Weber ist derzeit nicht im Haus."*

Jetzt kommt der Appell an das Helfersyndrom der Sekretärin.

Verkäufer: *„Sie können mir doch sicher helfen und mir sagen, wann ich Herrn Weber mit ziemlicher Sicherheit erreichen kann. Ich rufe dann gerne wieder an."*

Besonders gut an diesem Satz sind die drei Worte **„mit ziemlicher Sicherheit"** denn dadurch vermeidest du die Ansage der Sekretärin:
„So genau kann ich Ihnen das auch nicht sagen."
Sekretärin (neugierig): *„Kann ich was ausrichten?"*

Verkäufer: *„Das ist sehr nett von Ihnen, das muss ich mit Herrn Weber persönlich besprechen (wichtig, bedeutungsvoll). Bitte sagen Sie mir der Einfachheit halber seine Rufnummer."*

13.2	Kaltakquise am Telefon Palastwache: *„Um was geht es?"*
01	Schlechte Ansagen: *„Würden Sie mir seine direkte Durchwahl geben?"* *„Könnten Sie mir eventuell seine Durchwahl geben?"* Dieses sind schlechte Ansagen, da man erstens nicht gerne gibt und zweitens sind das bittstellende (devote) Fragen. Hier noch einmal die ganze Ansage: Verkäufer: *„Das ist sehr nett von Ihnen, das muss ich mit Herrn Weber persönlich besprechen. Bitte sagen Sie mir der Einfachheit halber seine direkte Durchwahl."* Welche Sprache ist das? Genau, es ist die Sprache eines Adlers. Ein Adler wird nur mit den Adlern fliegen und nicht gackern wie ein blindes Huhn.
02	*„Ja, das sage ich Ihnen gerne Frau..., es geht um die Reduzierung der Stanzzeiten an den Messingaußenringen – bitte stellen Sie doch durch zu Herrn... – Danke!"*
03	*„Es geht um seine Bestellung – stellen Sie doch bitte direkt zu ihm durch, Dankeschön!"*

13.2	**Kaltakquise am Telefon** **Palastwache:** *„Um was geht es?"*
04	*„Sage ich Ihnen gerne, Herr/Frau..., es geht um die neue Stellenanzeige in den Jobbörsen – stellen Sie bitte durch, Dankeschön!"*
05	*„Mir geht es um die Frage, wie wir (Dein Nutzenversprechen) für Ihr Unternehmen realisieren können. Aber nur, wenn (Dein Nutzenversprechen) mit einem beispielhaften Euro-Betrag für Sie auch interessant ist und das will ich mit Herrn/Frau ... abklären – stellen Sie doch bitte durch, Dankeschön!"*
06	Verkäufer: *„Schönen guten Tag, Frau... hier ist Vorname Nachname von der ABC-GmbH in..."* Sprechpause Verkäufer: *„Ich grüße Sie, ist (der) Peter Müller heut' schon im Haus?"* oder *„Frau Schneider, kurze Frage, ist der Peter Müller heute schon im Haus?"* Diese Gesprächsstruktur mit Vorname und Nachname plus der Erweiterung (*„... heute schon im Haus?"*) löst in vielen Fällen den *„Worum geht es denn"*-Impuls erst gar nicht aus und Sie werden direkt durchgestellt. Sekretärin: *„Ja, er ist im Haus."* Verkäufer: *„Dann verbinden Sie mich bitte ihm und sagen ihm, dass Andreas Beck von der ABC-GmbH am Telefon ist – Danke schön."*

13.2	**Kaltakquise am Telefon** **Palastwache:** *„Um was geht es?"*
06	Ist die Antwort „Nein", dann antwortest du ganz natürlich: *„Dachte ich mir fast. Wann ist er denn für fünf Minuten am Telefon zum Stichwort (Dein Thema) gut erreichbar?"*
07	Verkäufer: *„Ich hatte ihm die versprochenen Unterlagen bereits zugesandt und ich will jetzt seine Fragen beantworten. Bitte sagen Sie Herrn (Name des Entscheiders), dass (dein Name) von der (Name des Unternehmens) in der Leitung ist, Dankeschön!"*
08	Verkäufer: *„Hallo Frau Beimer, ich bin Vorname Nachname von der ABC-GmbH in Frankfurt."* Sprechpause *„Ich grüße Sie, ist der Peter Heblau heut schon im Haus?"* oder *„Frau Beimer, kurze Frage, ist der Peter Heblau heute schon im Haus?"* Diese Gesprächsstruktur mit Vorname Nachname plus der Erweiterung („*...heute schon im Haus..."*) vermeidet in den meisten Fällen den Impuls: *„Worum geht es?"* und du wirst direkt und schnell durchgestellt. Sekretärin: *„Ja, er ist im Haus."* Verkäufer: *„Prima, dann verbinden Sie mich bitte mit ihm und sagen ihm, dass Peter Heblau von der ABC-GmbH am Telefon ist – Dankeschön!"*

13.2	**Kaltakquise am Telefon** **Palastwache: „*Um was geht es?*"**
08	Ist die Antwort der Sekretärin: „*Nein, er ist nicht im Haus*" sagst du ganz natürlich: „*Dachte ich mir fast. Wann ist er denn für fünf Minuten am Telefon zum Stichwort... gut erreichbar?*"
09	Verkäufer: „*Schönen guten Tag Frau Schneider, hier ist Andreas Beck von der ABC-GmbH in Berlin.*" Sprechpause „*Frau Schneider, ist (der) Peter Müller heute schon im Haus?*" „Palastwache: „*Um was geht es denn?*" Verkäufer: „*Ach, er ist noch gar nicht da?*"

13.3	Kaltakquise am Telefon Palastwache: *„Kennt er sie schon?"*
01	*„Schönen guten Tag, Frau Schneider. Hier ist Vorname Nachname von der ABC-GmbH in Mainz."* Sprechpause *„Frau..., verbinden Sie mich bitte mit Herrn..."* Palastwache: *„Kennt er Sie schon?"* Verkäufer: *„Das ist ja der Grund meines Anrufs. Bitte verbinden Sie mich mit ihm, Dankeschön."*
02	*„Schönen guten Tag, Frau Schneider. Hier ist Vorname Nachname von der ABC-GmbH in Mainz."* Sprechpause *„Frau..., verbinden Sie mich bitte mit Herrn..."* Frau...: *„Kennt er Sie schon?"* Verkäufer: *„Das ist ja der Grund meines Anrufs, damit er entscheiden kann, wann (nicht „ob") wir uns treffen, brauche ich seine Meinung zum Thema Cloud-Computing (Industrie 4.0, VERKAUFEN 4.0 etc.).* *Bitte verbinden Sie mich mit ihm, Dankeschön!"*

13.4	Kaltakquise am Telefon Palastwache: *„Schicken Sie uns Unterlagen."*
01	„Sehr gerne Herr/Frau..., was soll ich in die Unterlagen reinschreiben, damit es für Ihre Entscheidung hilfreich ist?"
02	„Sehr gerne Herr/Frau..., was soll ich in die Unterlagen reinschreiben, damit Sie sich für mich entscheiden?"
03	„Ich habe hier eine PDF-Datei mit 123 Seiten und 47 Seiten Folien. Was hätten Sie denn gerne davon?"

13.5	**Kaltakquise am Telefon** **Palastwache:** *„Rot-Kreuz-Technik"*
01	*„Schönen guten Tag, Frau Schneider. Hier ist Vorname Nachname von der ABC-GmbH in Mainz."* Sprechpause Verkäufer: *„Frau Schneider, ich bräuchte mal Ihre Hilfe im Zusammenhang mit dem Peter Müller."* Frau Schneider: *„Wie kann ich helfen?"* Verkäufer: *„Ich benötige seine Meinung zum Thema Cloud Computing in 2017 und folgende - wann ist er für fünf Minuten am Telefon gut zu erreichen?"*
02	*„Guten Tag, Herr/Frau..., ich bin gespannt, ob Sie mir weiterhelfen können..."* Das sind magische Worte. Da kommt das Helfer-Syndrom durch, der Rote-Kreuz-Effekt. Die Menschen lieben es zu helfen und wenn du auf diese nette Art fragst, dann werden sie dich dabei unterstützen. Benutze diese magischen Worte so oft wie möglich.

13.6	Kaltakquise am Telefon – Palastwache: Gesprächspartner unbekannt
01	„Schönen guten Tag, Frau Schneider. Hier ist Vorname Nachname von der ABC-GmbH in Mainz." Sprechpause „Frau..., bevor Sie durchstellen, sagen Sie mir doch bitte wie heißt der verantwortliche Leiter des...?"
02	„Schönen guten Tag, Frau Schneider. Hier ist Vorname Nachname von der ABC-GmbH in Mainz." Sprechpause „Frau..., ich brauche mal Ihre Hilfe - sagen Sie mir doch bitte wie heißt der verantwortliche Leiter des...?"

13.7	Kaltakquise am Telefon – Palastwache: *„Sie wollen uns sicher etwas verkaufen"*
01	„Das hängt ganz davon ab, was Sie brauchen!"
02	„Auch das gehört zu meinen Aufgaben Frau Westwing, Sie werden sich doch sicher erst zum kauf entscheiden, wenn ich Sie von den Vorteilen und dem Nutzen überzeugt habe, sehe ich das richtig?"

13.8	Kaltakquise am Telefon – Palastwache: „*Wir haben keinen Bedarf*"
01	Verkäufer: „*Woran haben Sie keinen Bedarf?*" Palastwache: „*An Ihrem Angebot.*" Verkäufer: „*Das muss ein Missverständnis sein, es gibt kein Angebot. Wie kommen Sie zu der Aussage?*"
02	Schärfere Variante: Verkäufer: „*Woran haben Sie keinen Bedarf?*" Palastwache: „*An Ihrem Angebot.*" Verkäufer: „*Darf ich das so zitieren?*" Palastwache: „*Was meinen Sie mit zitieren?*" Verkäufer: *Wenn ich Sie richtig verstehe, sprechen Sie im Namen von Herrn (Name Boss) und damit im Namen der ABC-GmbH. Und ich finde es zitierwürdig wenn die ABC-GmbH der Meinung ist, dass (dein Nutzenversprechen) nicht interessant ist. Was halten Sie davon, wenn Sie zu Herrn/Frau... durchstellen?*"

13.9	**Kaltakquise am Telefon – Palastwache:** *„Ich darf niemanden durchstellen."*
01	Verkäufer: *„Das verstehe ich Herr/Frau…, dann ist es wohl am besten, wenn Herr Boss mich direkt anruft. Sicherheitshalber gebe ich Ihnen jetzt meine Telefonnummer…"*
02	Verkäufer: *„Das verstehe ich Frau…, welche Vorgehensweise empfehlen Sie mir denn, um Herrn/Frau…(Ihren Boss) … von den Vorteilen und dem Nutzen unserer Produkte zu überzeugen?"*

13.10	Kaltakquise am Telefon – Palastwache: *„Mein Chef ist nicht da."*
01	Verkäufer: *„Welchen Ersatztermin schlagen Sie vor?"* oder *„Was halten Sie davon, dass Sie mich informieren, sobald Herr Boss zu unserem Gespräch bereit ist?"*
02	Verkäufer: *„Wann ist er denn für ein 5-minütiges Telefon zu sprechen?"*

13.11	Kaltakquise am Telefon – Palastwache: *„Wir melden uns bei Ihnen."*
01	Verkäufer: „Ja, okay Herr/Frau... bis wann werden Sie sich bei mir gemeldet haben?" „Wenn ich bis zum ...... nichts von Ihnen gehört habe, rufe ich Sie wieder an – Danke für das Gespräch!"

13.12	**Kaltakquise am Telefon – Palastwache:** *„Ich darf keinen Namen und keine Telefonnummer rausgeben – schicken Sie eine Mail an info@tralala.eu"*
01	Das solltest du natürlich so nicht stehen lassen. Hier kommt mein Vorschlag für eine professionelle Mail (Versand noch am gleichen Tag) an den qualifizierten Entscheider über die Palastwache: Betreffzeile: Mehr Termine. Mehr Aufträge – unser Telefonat Sehr geehrte Frau Schneider, wie versprochen kommt hier auch schon die von Ihnen gewünschte Mail an Ihren Geschäftsführer Peter Müller. Sehr geehrter Herr Müller, im Zusammenhang mit der Steigerung Ihres Vertriebsergebnisses habe ich den Wunsch, Sie persönlich zu treffen – aber nur, wenn es für uns beide auch wirklich Sinn macht. Viele meiner Kunden nennen mir folgende Ergebnisse unserer bisherigen Zusammenarbeit: • Steigerung der Terminquote um 30% • Steigerung des Umsatzes um 14% bei gleich bleibenden Personalkosten Damit Sie vorab prüfen können, inwieweit diese oder noch bessere Ergebnisse für Ihr Unternehmen erreichbar sind, schlage ich ein telefonisches Sondierungsgespräch von fünf Minuten vor.

13.12	**Kaltakquise am Telefon – Palastwache:** *„Ich darf keinen Namen und keine Telefonnummer rausgeben – schicken Sie eine Mail an info@tralala.eu"*
01	Bitte lassen Sie mich über Frau Schneider wissen, wann Ihnen dies in den kommenden zwei Wochen gut passt. Viele Grüße Werner F. Hahn Verkaufstrainer + Fachbuchautor Signatur, Foto etc. Wenn es nicht um die Vereinbarung von Terminen geht, sondern um den Verkauf am Telefon, dann ersetz den Text *„...Sie persönlich treffen..."* durch *„...Ihnen ein Angebot zu unterbreiten..."* Nach max. drei Tagen startest du das Nachfass-Telefonat: *„Schönen guten Tag, Frau Schneider, ich bin Werner Hahn von der Hahn GmbH in Mainz."* Frau Schneider: *„Grüß Sie, was kann ich für Sie tun?"* *„Frau Schneider, wir sprachen am 6. April über das Thema (Vertriebs-Management 2017) und Sie erhielten eine kurze Mail für Peter Müller. Sicherlich hat er diesbezüglich noch einige Fragen. Und damit er entscheiden kann, wie sinnvoll ein persönliches Treffen ist, seien Sie so nett und verbinden mich mit ihm – Danke."* Frau Schneider: *„Ja, ich stelle durch."*

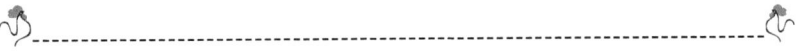

Kapitel #14: Terminvereinbarungen mit Entscheider

14.1	**Terminvorschlag oder Terminangebot?**
01	Lass mich starten mit einer schnellen Frage: *„Was ist der Grund für eine Terminvereinbarung?"* Nein, das ist jetzt keine trickreiche Frage. Ich wundere mich immer wieder über die Antworten, die ich bekomme: *„Einen Abschluss machen"*, *„Mit Einwänden umgehen zu können"*, *„Für den Auftrag qualifizieren"* oder so ähnliche Punkte. Vielleicht liegt es daran, dass die Verkäufer in den seltensten Fällen nicht auf den Punkt kommen. Die richtige Antwort lautet: *„Der Termin!"* **Ende - Aus, sonst nichts, es geht hier nur um einen Termin.** Das so viele Verkäufer scheitern, hängt doch nur damit zusammen, dass sie viel zu viele Informationen in dem Telefonat unbedingt loswerden wollen. Und richtig los geht es mit der Argumentation erst, wenn die Einwände hoch kommen. Das kennst du doch: *„Wir haben kein Geld dafür"* oder *„Wir haben einen Lieferanten"* oder *„Schicken Sie uns das doch zu"*.

14.1	**Terminvorschlag oder Terminangebot?**
02	Einen Terminvorschlag unterbreite ich meinem Gesprächspartner, wenn ich eine Alternative anbiete. Menschen entscheiden sich immer gerne, wenn sie eine Alternative angeboten bekommen. Terminvorschlag: *„Mein Terminvorschlag ist Wochentag – Datum – Uhrzeit oder klappt es bei Ihnen bereits in der kommenden Woche?"*
03	Ein Terminangebot unterbreite ich, wenn ich an einem bestimmten Tag sowieso in …. (Paderborn) einen Termin habe und diesen Termin mit einigen weiteren Terminen verknüpfen will. Terminangebot: *„Mein Terminangebot ist Wochentag – Datum – Uhrzeit – wie sieht es da bei Ihnen im Kalender aus?"* Beende ich meinen Satz nach dem Wort *„Uhrzeit"*, dann überlegt mein Gesprächspartner, ob er den Termin mit mir überhaupt haben will. Deswegen immer an den Satz dranhängen: *„Wie sieht es da bei Ihnen im Kalender aus?"* Es geht nicht mehr um das *„ob"* sondern nur noch um das *„wann"*.

14.2 Kaltakquise am Telefon
Entscheider mit Bedarfsanalyse

01 **Der Einstieg bei Neukunden**

Der erste Satz ist wie der erste optische Eindruck: Er muss stimmen, muss sitzen. Vermeide alle negativen Aussagen. Sprich sofort vom Nutzen deines Produktes – für deinen Kunden! Das wollen Entscheider und Einkäufer hören – ohne Verzug und ohne Schnörkel.

Der Einstieg bei Stammkunden

Erspare dir und deinem Kunden 08/15-Eröffnungen („*Wie geht's?*"), sondern verknüpfe deine Einstiegsfragen mit konkreten Situationen. Besser aber ist es, gleich an den letzten Kontakt anzuknüpfen.

Stell eine Beziehung her

Das klingt jetzt sehr psychologisch, ist es auch. Aber es ist eine der Voraussetzungen für den Verkauf. Wir alle können es bewusst oder unbewusst mehr oder weniger gut: eine gute Beziehung herstellen, damit die Chemie stimmt. Das bringt ein angenehmes Klima in die Konversation.

Hier kommen die Beispiele:

„*Schönen guten Tag Herr... - hier ist Vorname Nachname von der ABC-GmbH. Ist es okay für Sie, wenn ich direkt auf den Punkt komme?*"

Sprechpause

14.2	**Kaltakquise am Telefon**
	Entscheider mit Bedarfsanalyse
01	*„Prima, Herr..., ich rufe Sie an, weil wir einige Transportunternehmen dabei unterstützt haben, die* Ladekapazität Ihrer LKWs um bis zu 40% zu steigern. *Derzeit verspüren ja viele Speditionen starken Druck bei den Margen.* *Ist es okay für Sie, wenn ich Ihnen drei Fragen stelle um zu prüfen, inwieweit Ihr Unternehmen ebenfalls davon profitieren kann?"*
02	*„Schönen guten Tag Herr... - hier ist Vorname Nachname von der ABC-GmbH. Ist es okay für Sie, wenn ich direkt auf den Punkt komme?"* Sprechpause *„Prima, Herr Müller, wir sind spezialisiert auf anwenderorientierte Softwarelösungen mit denen Sie a) ....und b) .... erreichen. Wie interessant ist das Thema für Sie?* *Ist es okay für Sie, wenn ich Ihnen drei Fragen stelle um zu prüfen, inwieweit Ihr Unternehmen ebenfalls davon profitieren kann?"*
03	*„Schönen guten Tag Herr/Frau..., ich bin Vorname Nachname von der ABC-GmbH in... – darf ich direkt auf den Punkt kommen?"* *Prima, als...-Experte möchte ich Sie im Kontext Ihrer...- Prozesse persönlich treffen, aber nur, wenn es auch für Sie wirklich Sinn macht. Damit Sie das beurteilen können, habe ich zwei Fragen an Sie – ist es okay, wenn ich Ihnen jetzt zwei Fragen stelle?"*

14.2	**Kaltakquise am Telefon** **Entscheider mit Bedarfsanalyse**
04	„Wir möchten Ihr strategischer Partner in den Bereichen heben, fördern, transportieren und sichern von Lasten werden, aber nur, wenn das für Sie einen wirklichen Nutzen bringt – dazu habe ich zwei Fragen an Sie, okay?"
05	„Zum Stichwort „Dokumenten-Management" möchte ich Sie persönlich treffen, aber nur, wenn das für Sie einen wirklichen Nutzen bringt - dazu zwei kurze Fragen, okay?"

14.3	Kaltakquise am Telefon
	Terminvereinbarung mit Entscheider

01	Terminvereinbarungen mit der 5+1-Schritt-Methode
	Schritt #1: Hol dir die Aufmerksamkeit mit seinem Namen: *„Hallo Herr Schneider,"*
	Schritt #2: Stell dich selber vor: *„Hier ist der Verkaufstrainer + Fachbuchautor Werner Hahn aus Mainz."*
	Schritt #3: Hol dir das erste emotionale „Ja" von ihm ab: *„Herr Schneider, darf ich direkt auf den Punkt kommen?"* In 99 Prozent der Fälle sagt dir der Gesprächspartner: *„Ja, gerne, legen Sie los!"*
	Schritt #4: Sag ihm was du willst: *„Prima, ich rufe sie heute gezielt an,* **weil** *die Verkäufer mit meinen Trainings mehr Termine und mehr Aufträge realisieren. Wie interessant ist das für Sie?"* In 90 Prozent der Fälle höre ich ein *„Mehr Termine und mehr Aufträge? Ja, das ist interessant für uns."*
	Schritt #5: Terminvereinbarung: *„Wie ich das mache Herr Schneider, erläutere ich Ihnen gerne in einem persönlichen Gespräch – wie sieht es Wochentag – Datum – Uhrzeit bei Ihnen aus - oder klappt es bei Ihnen bereits nächste Woche?"* Ist der Termin vereinbart, kommt der nächste Schritt:

14.3 Kaltakquise am Telefon
Terminvereinbarung mit Entscheider

01 **Schritt #5+1:** Bedarfsanalyse: „Damit ich mich auf das Gespräch mit Ihnen vorbereiten kann, habe ich zwei Fragen an Sie:
1. Wie viele Verkäufer gibt es im Bereich inside-sales?
2. Wie viele Verkäufer gibt es im Außendienst?
3. Wo drückt der Schuh am intensivsten?

Danke für die Informationen – da bringe ich Ihnen einige interessante Informationen mit – Auf Wiederhören Herr Schneider!"

02 *„Schönen guten Tag Herr/Frau..., ich bin Vorname Nachname von der ABC-GmbH in... – Darf ich direkt auf den Punkt kommen?"*

Die (dein Unternehmen) ist bekannt für (dein Nutzen) und ich rufe Sie heute gezielt an, um mit Ihnen einen Gesprächstermin zu vereinbaren - mein Terminvorschlag dazu ist Wochentag – Datum – Uhrzeit oder klappt es bei Ihnen bereits in der kommenden Woche?"

03 *„Schönen guten Tag Herr/Frau..., ich bin Vorname Nachname von der ABC-GmbH in... – Darf ich direkt auf den Punkt kommen?"*

„Wenn es für Sie eine Möglichkeit gibt, die Stanzzeiten an den Messingaußenringen um 17% zu reduzieren – ist Ihnen das ein Gespräch von 20 Minuten in Ihrem Unternehmen wert?"
„Prima, Herr..., da habe ich doch gleich einen Terminvorschlag für Sie...

14.3	**Kaltakquise am Telefon**
	Terminvereinbarung mit Entscheider
04	„Schönen guten Tag Herr/Frau..., ich bin Vorname Nachname von der ABC-GmbH in... – Darf ich direkt auf den Punkt kommen?"
	„Ja, legen Sie los!"
	„Ich rufe Sie heute ganz gezielt an, weil wir ein Softwareprogramm entwickelt haben, mit dem Sie die Ladekapazität Ihrer LKWs um 30% erhöhen – wie wir das machen und was das für Ihr Unternehmen bedeutet, dass ich will ich gerne mit Ihnen besprechen – wie sieht es da am Wochentag – Datum – Uhrzeit bei Ihnen im Kalender aus?"
05	„Schönen guten Tag Herr/Frau..., ich bin Vorname Nachname von der ABC-GmbH in... – Darf ich direkt auf den Punkt kommen?"
	„Prima Herr Müller,
	ich bin Verkaufstrainer und Fachbuchautor und meine direkt Frage an Sie: Wenn Ihre Verkäufer in den kommenden zwölf Monaten ihre Verkäufe um 10 bis 20% steigern, wie interessant ist das für Sie?"
	„Sehr interessant - und was bieten Sie konkret an?"
	Variante #1:
	„Das ist genau das, worüber ich mich mit Ihnen unterhalten möchte, ich brauche 20 Minuten Ihrer Zeit – lassen Sie uns doch direkt einen Termin vereinbaren – mein Vorschlag ist..."
	Variante #2:
	„Ich zeige Ihnen, was ich habe und Sie können selbst entscheiden, ob es das ist, was Sie wünschen. Was halten Sie von diesem Vorschlag?"

14.3	**Kaltakquise am Telefon**
	Terminvereinbarung mit Entscheider
06	*„Schönen guten Tag Herr/Frau..., ich bin Vorname Nachname von der ABC-GmbH in... – Darf ich direkt auf den Punkt kommen?"* *„Prima Herr..., wir arbeiten mit vielen Bäckereien zusammen und unterstützen sie dabei, wie sie mit frischen Kaffeeangeboten mehr Umsatz erzielen – konkret sprechen wir von Umsatzsteigerungen größer 10%."* Variante #1: *„Wie interessant ist eine solche Umsatzsteigerung für Sie?"* Variante #2: *„Um herauszufinden, in wie weit das auch in Ihrer Bäckerei möglich ist, habe ich zwei Fragen an Sie, okay?"*
07	*„Schönen guten Tag Herr/Frau..., ich bin Vorname Nachname von der ABC-GmbH in... – Darf ich direkt auf den Punkt kommen?* *Wir haben eine Software entwickelt, mit der die Verwaltungskosten im Personalbereich der ABC-GmbH um 33% gesenkt wurden bei gleichbleibender Mitarbeiteranzahl. Ist es okay für Sie, wenn ich Ihnen zwei Fragen stelle um zu prüfen, inwieweit Ihr Unternehmen ebenfalls davon profitieren kann?"* *„Ja gerne, das interessiert mich!"* *„Frage Nr. 1: ...."* *„Frage Nr. 2: ...."* *„Herr Müller, lassen Sie uns doch unser Gespräch intensivieren – mein Terminvorschlag ist Wochentag – Datum – Uhrzeit – wie sieht es da bei Ihnen im Kalender aus?"*

14.3	**Kaltakquise am Telefon**
	Terminvereinbarung mit Entscheider

08	Terminvereinbarung für den Verkauf einer betrieblichen Krankenversicherung
	Herr Schneider, ich bin Vorname Nachname von der xyz-Versicherung aus... Herr Schneider, darf ich gleich auf den Punkt kommen?"
	„Ja, legen Sie los!"
	„Prima, ich rufe Sie heute ganz gezielt an um Ihnen aufzuzeigen, wie
	Sie mit einer betrieblichen Krankenversicherung Ihr Unternehmen einerseits attraktiver machen und andererseits die Fehlzeiten Ihrer Mitarbeiter reduzieren.
	Wie interessant ist das Thema für Sie?"
	„Müsste ich mehr drüber wissen."
	„Gerne, Herr Schneider, wie Sie davon profitieren, erläutere ich Ihnen gerne in einem persönlichen Gespräch, wir brauchen dazu 20 Minuten – wie sieht es da bei Ihnen am Wochentag – Datum – Uhrzeit aus oder geht es bereits nächste Woche?"

14.3 Kaltakquise am Telefon
Terminvereinbarung mit Entscheider

09 *„Herr Kunde, ich habe mich auf Ihrer Homepage etwas näher umgesehen. Dabei habe ich auch gelesen, dass Sie in Ihrer Logistiksparte mit einem unserer Mitbewerber zusammenarbeiten. Was müsste denn für Sie herausspringen, damit für Sie ein Wechsel interessant ist?"*

Mit einer solchen Frage beweist du deinem Kunden gleich mehrere Dinge:

- Du hast dich gut über ihn informiert.
- Du kommst mit einer konkreten Verkaufsabsicht und machst diese auch deutlich.
- Du weißt genau, dass eine Zusammenarbeit bzw. ein Lieferanten-/Dienstleisterwechsel nur dann für den Kunden interessant ist, wenn er einen konkreten, wirtschaftlichen und WERThaltigen Nutzen bringt.
- Du kommst auf den Punkt und redest nicht um den heißen Brei herum. Die meisten Kunden schätzen das – vor allem Profi-Einkäufer.

14.3 Kaltakquise am Telefon
Terminvereinbarung mit Entscheider

10	*Verkäufer: „Schönen guten Tag Herr Interessent, ich bin Vorname Nachname von der ABC GmbH in Kiel.* *Interessent: „Guten Tag."* *Verkäufer: „Herr Interessent, ist es okay für Sie, wenn ich direkt auf den Punkt komme?"* *Interessent: „Ja, gerne, legen Sie direkt los!"* *Verkäufer: „Herr Interessent, ich rufe Sie heuten ganz gezielt an, um Sie als Neukunde zu gewinnen. Was muss ich dazu tun?"*
11	*Verkäufer: „Herr Interessent, ist es okay für Sie, wenn ich direkt auf den Punkt komme?"* *Interessent: „Ja, gerne!"* *Verkäufer: „Herr Interessent, ich bin auf der Suche nach neuen Kunden und dachte dabei an Sie."*
12	*„Frau Bartels, unser Unternehmen fertigt maßgeschneiderte Verpackungen aus Kunststoff. Diese helfen, Ihre Produkte beim Transport vor Schaden zu schützen und gleichzeitig attraktiv und übersichtlich zu präsentieren. Deswegen meine direkte Frage an Sie:* *Wie viele Aussendungen haben Sie pro Monat?"*

14.3	Kaltakquise am Telefon
	Terminvereinbarung mit Entscheider
13	„Wir bieten großvolumige Kaffeeautomaten für Unternehmen Ihrer Größenordnung. Die Getränkeauswahl legen Sie individuell fest und wir übernehmen das Befüllen und die komplette Wartung in einem 24 Stunden Service. Ab wann wollen Sie diesen Service nutzen?"
14	„Wir beraten Unternehmen bei der Suchmaschinenoptimierung. Wir zeigen Ihnen, wie sie in Suchmaschinen gut gefunden werden und wie Sie Besucher auf Ihrer Webseite fesseln. Wie wichtig sind neue Kunden für Sie?"

14.4	**Kaltakquise am Telefon**
	Termin mit Entscheider plus Bedarfsanalyse

„Schönen guten Tag, Herr/Frau..., ich bin Vorname Nachname von der ABC-GmbH in... – darf ich direkt auf den Punkt kommen?"

*„Prima, Herr/Frau xyz, als Verkaufstrainer habe ich mittlerweile zwölf Bücher über das Verkaufen geschrieben und mit meinen Trainings erreichen **die** Verkäufer mehr Termine und mehr Aufträge.*
Wie interessant ist das für Sie?" (Lachen...)

„Okay, dann lassen Sie uns einen Termin vereinbaren - mein Vorschlag ist Wochentag - Datum - Uhrzeit oder geht es bei Ihnen bereits in der kommenden Woche?"

„Termin passt."

„Damit ich mich auf das Gespräch mit Ihnen vorbereiten kann, habe ich zwei Fragen an Sie:
- *Wie viele Vertriebler sind im Außendienst?*
- *Wie viele Vertriebler sind im Innendienst?*
- *Wo drückt der Schuh am intensivsten?"*

14.5	**Kaltakquise am Telefon**
	Bedarfsanalyse mit Entscheider plus Terminvereinbarung

01

Schritt #1: *„Hallo Herr Peters,"*

Schritt #2: *„Hier ist Mirko Sanders von IT-Consulting."*

Schritt #3: *„Herr Peters, ist es okay für Sie, wenn ich direkt auf den Punkt komme?"*

Schritt #4: *„Prima, Herr Peters, ich rufe Sie an,* **weil** *wir einige Transportunternehmen dabei unterstützt haben, die Ladekapazität Ihrer LKWs um bis zu 21% zu steigern. Derzeit verspüren ja viele Speditionen starken Druck bei den Margen. Ist es okay für Sie, wenn ich Ihnen drei Fragen stelle um zu prüfen, inwieweit Ihr Unternehmen ebenfalls davon profitieren kann?"*
In 90 Prozent der Fälle hörst du: *„Ja gerne."*

Schritt #5: Stell jetzt die erforderlichen Fragen aus deiner Bedarfsanalyse.
„Wie viele Fahrzeuge sind derzeit bei Ihnen im Einsatz?"
„Was planen Sie in den kommenden...?"
„Was bedeutet das für Sie, wenn Sie bei dem derzeitigen Bestand die Ladekapazität um 36% steigern?"

Schritt 5+1: Hört sich das alles interessant für dich an, vereinbar direkt den Termin mit deinem Gesprächspartner. Mein Mantra für die Terminvereinbarung kennst du ja!

14.5	**Kaltakquise am Telefon**
	Bedarfsanalyse mit Entscheider plus Terminvereinbarung

02	Verkäufer: „Schönen guten Tag Herr Interessent, ich bin Vorname Nachname von der ABC GmbH.
	Interessent: „Guten Tag."
	Verkäufer: „Herr Interessent, ist es okay für Sie, wenn ich direkt auf den Punkt komme?"
	Interessent: „Ja, gerne!"
	Verkäufer: „Als Logistik-Experte der (Kundenbranche) möchte ich Sie im Kontext der Optimierung Ihrer Logistikprozesse persönlich treffen – aber nur, wenn es für Sie auch wirklich Sinn macht. Damit Sie das beurteilen können, habe ich zwei kurze Fragen an Sie, ist das okay?"
	Interessent: „Ja, legen Sie los!"
	Dadurch, dass du sagst: „Aber nur, wenn es für Sie Sinn macht", erkennt er, dass du ihm nichts aufzwingen willst. Er hat das Gefühl, dass er in der Entscheiderrolle über den weiteren Verlauf des Gesprächs zu bleibt.
	Er ist deshalb gerne bereit, das Gespräch mit dir weiter zu führen und du bekommst gerne ein „Ja" von ihm.

14.5 Kaltakquise am Telefon
Bedarfsanalyse mit Entscheider plus Terminvereinbarung

03 Verkäufer: *„Wir sind Spezialisten im Bereich .... und ich möchte Ihr künftiger strategischer Partner werden – aber nur, wenn das für Sie wirklichen Nutzen bringt, dazu brauche ich Sie für zwei kurze Fragen, okay?"*

Jetzt kommen weitere Fragen aus der Bedarfsanalyse.

04 Verkäufer: *„Herr Interessent, ich gehe sicherlich recht in der Annahme, dass Sie bereits einen Partner für den Bereich .... haben, oder?"*

Interessent: *„Ja haben wir."*

Verkäufer: *„Prima, dann kennen Sie sich ja bestens aus und wissen exakt, worauf es Ihnen ankommt. In welchen Bereichen wünschen Sie sich zusätzliche Verbesserungen?"*

Oder

„Das ist auch der Grund meines Anrufes bei Ihnen: Gerade Unternehmen wie Sie, die bereits versorgt sind, nutzen uns als Ergänzung zu Ihrem bestehenden Partner, wenn es um Spezialthemen wie X (Schulung?) und Y (Gefährdungsanalyse) geht.

14.5	**Kaltakquise am Telefon**
	Bedarfsanalyse mit Entscheider plus Terminvereinbarung
04	*Welche speziellen Herausforderungen stehen bei Ihnen aktuell in diesen Bereichen an?"*
	Jetzt kommen weitere Fragen aus der Bedarfsanalyse.
	Sagt der Interessent: „*Nein, wir haben da keinen Partner.*" Antwortest du wie folgt:
	Verkäufer: „*Genau deswegen rufe ich heute bei Ihnen an. Wie lösen Sie... und wie wichtig sind Ihnen...?*"

14.6	Gespräch mit Entscheider, um herauszufinden, wer alles in den Entscheidungsprozess eingebunden ist
01	„Was mich besonders interessiert, Herr/Frau..., wie sieht denn ein solcher Entscheidungsprozess in Ihrem Unternehmen aus?"
02	„Wer ist denn alles in den Entscheidungsprozess mit eingebunden?

14.7 Die Geschäftsbeziehung wieder aufleben lassen

01 Es wird immer Kündigungen geben, und auch „*Karteileichen*", also Kunden in deiner Datei, die du früher betreut hast und die jetzt der Wettbewerber versorgt. Aber Stopp: Allein schon das Wort „*Karteileichen*" ist nicht zielführend und ein absolutes NO GO! Deine Kunden sind keine „Leichen", sondern Menschen, die sich einst für dein Unternehmen und deine Produkte und Dienstleistungen begeistern konnten.

WICHTIG: Ab sofort findet kein Rückholgespräch ohne dezidierte Kenntnis der Kündigungsursachen statt!

02 „*Schön guten Tag Herr/Frau..., ich bin Vorname Nachname von der .... GmbH in ....*

Darf ich direkt auf den Punkt kommen?"

„*Ja, legen Sie los!*"

Prima, Herr/Frau..., wir standen schon mal in enger Geschäftsbeziehung und dann ist die Zusammenarbeit eingeschlafen und deswegen meine direkte Frage an Sie:
Warum genau kaufen Sie jetzt nicht mehr bei uns?"

14.7	**Die Geschäftsbeziehung wieder aufleben lassen**
03	„Ich konnte es kaum erwarten, bis diese langen Jahre endlich abgelaufen waren, um Sie wieder mal anzurufen…"
04	„Ich nehme heute die jahrelange Funkstille zum Anlass, um mit Ihnen wieder ins Gespräch zu kommen – was halten Sie davon, wenn wir uns am Wochentag – Datum – Uhrzeit treffen, um über eine weitere Zusammenarbeit zu sprechen?"
05	„Guten Tag Herr Lorenz, ich bin Vorname Nachname von der ABC GmbH in Mainz. Darf ich direkt auf den Punkt kommen?" „Ja, gerne!" „Prima, Herr Lorenz, wir haben in der Vergangenheit einige Geschäfte getätigt und die Verbindung ist irgendwann abgebrochen. Deswegen rufe ich Sie heute an, um die Geschäftsbeziehung wieder aufleben zu lassen. Dazu habe ich zwei Fragen an Sie – ist das okay?" Frage 1: „In welchen Bereichen der elektronischen Bauelemente wünschen Sie sich eine professionelle Unterstützung?" Frage 2:..

14.8	Die 5+1-Schritt-Methode zur Terminvereinbarung

01 **Schritt #1: Hol dir die Aufmerksamkeit mit seinem Namen**

Das süßeste Geräusch in unseren Ohren ist immer der eigene Name.

„Hallo Herr Schultze..."

„Schönen guten Tag Frau Beier..."

Schritt #2: Stell dich vor

„Ich bin der Verkaufstrainer und Buchautor Werner Hahn aus Mainz..."

„Ich bin der verantwortliche Vertriebsmitarbeiter der xyz-GmbH in Wiesbaden..."

„Ich bin der verantwortliche Fachberater der xyz-GmbH in..."

Schritt #3: Hol dir das erste emotionale „Ja" ab.

„Darf ich direkt auf den Punkt kommen?"

„Ist es okay für Sie, wenn ich direkt auf den Punkt komme?"

In 99% der Fälle sagt dir der Gesprächspartner: *„Ja, legen Sie los!"*

Schritt #4: Sag ihm was du konkret willst

„Prima, ich rufe Sie heute gezielt an, weil die Verkäufer mit meinen Trainings mehr Termine und mehr Aufträge erzielen.
Wie interessant ist das für Sie?"

In 90% der Fälle höre ich: *„Hört sich interessant an!"*

14.8	Die 5+1-Schritt-Methode zur Terminvereinbarung
01	**Schritt #5: Terminvereinbarung** „Wie ich das mache Herr Schultze, erläutere ich Ihnen gerne in einem 20 minütigem persönlichen Gespräch – wie sieht es Wochentag – Datum – Uhrzeit bei Ihnen im Kalender aus, oder klappt es bereits in der kommenden Woche?" **Schritt 5+1: Bedarfsanalyse** „Damit ich mich auf das Gespräch mit ihnen vorbereiten kann, habe ich zwei Fragen an Sie: 1. Wie viele Mitarbeiter sind im Vertrieb inside-sales? 2. Wie viele Mitarbeiter sind im Außendienst? 3. Wo drückt der Schuh am stärksten?

Entscheider einladen zur Messe

14.9	Entscheider einladen zur Messe
01	*„Hallo Herr Schneider, darf ich direkt auf den Punkt kommen?"* *„Ja, legen Sie los!"* *„Ich wollte mal fragen, ob Sie auch zur xyz-Messe kommen?"* So machen wir das natürlich nicht. Besser: *„Herr Schneider, „Hallo Herr Schneider, darf ich direkt auf den Punkt kommen?"* *„Ja, legen Sie los!"* *„In der Zeit vom 16.09. bis 21.09. findet in Karlsruhe die xyz-Messe statt – meine direkte Frage an Sie: an welchem Tag reisen Sie an?"* Oder *„Herr Schneider, in der Zeit vom 16.09. bis 21.09. findet in Karlsruhe die xyz-Messe statt – meine direkte Frage an Sie: wie viele (GRATIS-)Eintrittskarten benötigen Sie?"*

Kapitel #15: Kaufsignale

Frage: „Wann ist dein Interessent bereit zu kaufen?"

Antwort: *„Er oder Sie wird es dir sagen – vorausgesetzt du bemerkst es!"*

Der Link zwischen deiner Präsentation und dem Abschluss nennt sich Kaufsignal.

Das Erkennen der Kaufsignale ist eine besondere Wissenschaft im Verkauf. Ich glaube ja nicht, dass Verkaufen etwas mit Kunst zu tun hat sondern eher eine Wissenschaft ist. Und da gibt es ganz feine Nuancen.

Sobald du ein Kaufsignal wahrnimmst, solltest du eine bestimmte Aktivität übernehmen. Die Feinheit besteht nun darin, dass du über die Fähigkeiten verfügst, dass du diese Signale auch wahrnimmst. Hörst du gezielt in dem Gespräch zu, dann wirst du das Kaufsignal erkennen. Das größte Problem besteht allerdings darin, dass der überwiegende Teil der Verkäufer überhaupt nicht zuhören kann.

Kaufsignal-Quizz: das größte Kaufsignal ist...

a) seine Körpersprache – verbal und non-verbal
b) eine Frage, die der Interessent dir stellt
c) ein Einwand.

Ist es a) die Körpersprache? Nein, das ist mir ein manipulativer Kram.

Ist es c) ein Einwand? Manchmal. Der Interessent fragt nach weiteren Informationen zu dem was du gesagt hast oder seine Hinweise sind unterschiedlich zu dem was du gesagt hast.

Die Antwort b) ist eine Frage. Möglicherweise denkst du darüber nach, dass eine Frage auch ein Kaufsignal ist? Eine Frage zeigt ja schon das Interesse des Käufers. Deine Aufgabe ist es, das herauszufinden, was sich hinter der Frage verbirgt. Deine Aufgabe ist es, die wahren Kaufmotive zu erkennen. Motiv ist die Abkürzung für Motivation. Was motiviert ihn, was treibt ihn an? Verstanden?

Hörst du diese Frage, dann ist es für dich das Signal, nach dem Abschluss zu fragen. Oder du bist auf dem richtigen Weg, das grüne Licht zu erkennen und im Verkaufsprozess weiter voran zu gehen.

Als Profi-Verkäufer ist es deine Aufgabe, die Frage zu verstehen – also das Kaufsignal – und anschließend in einen Abschluss umzusetzen.

Das *„Verstehen"* ist der besondere Teil. Hier gebe ich dir zwei „zu verstehen"-Regeln mit auf den Weg:

#1: Die breite Daumen-Regel: Jede Frage, die dir der Interessent stellt, ist ein Kaufsignal.

#2: Die blöde Ansatz-Regel: Fragen werden vom Interessenten erst gar nicht gestellt, da du permanent am labern bist. Damit kannst du den Abschluss vergessen.

Nochmal: deine Aufgabe steht darin, deinem Gesprächspartner die richtigen Fragen zu stellen, damit er nachdenkt, antwortet und dir eine Gegenfrage stellt. Fragen erzeugen neue Fragen.

Hier kommt noch eine Regel für einen ganz blöden Ansatz. Beispiel: *„Ah, wie teuer ist das?"* Antwort des Verkäufers: *„Wie viel sind Sie bereit zu bezahlen?"* Oder in den älteren, manipulativen Trainings wurde auch davon gesprochen, diese Frage einfach zu ignorieren.

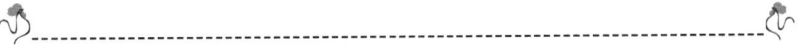

Nach dem Motto: Wenn er wirklich an dem Thema interessiert ist, wird er die Frage erneut stellen.

Das führt doch nur dazu, dass sich dein Gesprächspartner unwohl fühlt, weil er mit deiner Arroganz konfrontiert wird und er das Interesse an dir und dem Gespräch verliert.

Jetzt gebe ich dir noch einen saublöden Ansatz: Du beantwortest die Fragen deines Gesprächspartners und fragst nicht nach dem Auftrag. Das nennt sich großer, großer, riesengroßer Fehler.

Hier kommen einige Kaufsignale:

#1: Fragen nach Verfügbarkeiten oder Zeitrahmen

Sind diese am Lager verfügbar? Wie oft treffen Nachbestellungen ein? Ich will dir noch einige Zusatzinformationen geben. Es gibt ein grundsätzliches Prinzip im Verkauf und das nennt sich Prinzip des Vorausdenkens. Deine tiefergehenden Fragen begeistern deinen Interessenten und führen dazu, dass er deine Fragen so beantwortet, wie du es erwartest. Hast du einmal dieses Signal verstanden, dann hast du es geankert. Deine Aufgabe als Verkäufer ist es doch, den Interessenten zu begeistern. *„Was ist die normale Lieferzeit?" „Wie sieht es mit der Garantie aus?"* Wie viele weitere Kaufsignale benötigst du noch?

#2: Fragen im Zusammenhang mit der Lieferung

„Wie schnell kann das hier vor Ort sein?" „Okay, wann benötigen Sie es?" „Welche weiteren Informationen benötigen Sie jetzt noch von mir?" Beantworte diese Fragen und sicher so langsam den Verkauf ab.

#3: Fragen nach Raten, Preisen oder Erschwinglichkeit

Das ist eine besondere Frage: *„Was soll es kosten?" „Was ist der Preis?" „Ich weiß nicht, ob ich mir das leisten kann."*
Was sie damit sagen ist: *„Ich will es haben."* Die einzige Frage ist: *„Für wie viel?"*

#4: Fragen oder Anmerkungen über das Geld

„Wie viel Geld brauche ich, um es zu kaufen?" Oder *„Das ist viel zu teuer."* Das sind schon große Kaufsignale. Will jemand den Preis wissen, ist das ein großes Kaufsignal.

#5: Mehrmaliges Kopfnicken

Seine Körpersprache verrät dir seine positive Einstellung zu deinen Aussagen.

#6: Das allergrößte Kaufsignal

- „Hiermit kaufe ich ..."
- „Hiermit bestelle ich..."
- „Ich kaufe mit Lieferdatum..."

#7: Kaufsignal mit DNS

Interessent: *„Bekomme ich das Teil auch mit der Nase am oberen Ende?"*

Der durchschnittliche Verkäufer: *„Ja, das mache ich fertig für Sie und das Teil bekommen Sie in der kommenden Woche zugesandt."*

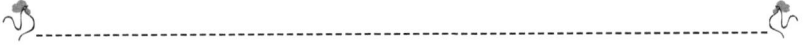

Der Topp-20%-Verkäufer: *„Herr Schneider, das ist eine Spezialanfertigung, die ich gerne für sie mache, der Aufwand hat einen Wert von € 157 und meine direkte Frage an Sie: Wann sollen wie viele geliefert werden?"*

Verkäufer, die überheblich und arrogant sind, sagen:
„Weiß ich alles" und machen weiter wie bisher.

Verkäufer, die positiv und voller Selbstvertrauen sind, fragen sich selbst:
„Wie gut kann ich das?" – und verbessern sich stetig.

Kapitel #16: Gibt es ein Wort, das dir den Verkauf erleichtert? „JA"

Gibt tatsächlich ein Wort in unserer Sprache, das dir den Verkauf erleichtert und dich glücklicher macht? „JA"!

- Akquirieren?
- Zuhören?
- Präsentieren?
- Reden?
- Unterstützen?
- Schmerz?
- Einwände?
- Abschluss?
- Manipulieren?

Die Schlüssel zu deinem erfolgreichen Abschluss sind nicht Akquirieren, Zuhören, Präsentieren, Reden, Unterstützen, Schmerz, Einwände, Abschluss, Manipulieren.

Das einzigartige Schlüsselwort heißt *harmonisieren* oder zum besseren Verständnis in drei Worten: *in Einklang bringen*.

Das kennst du sicher nur aus ganz wenigen Verkaufsaktivitäten. Verkaufen heißt doch die andere Person mit ihren Bedürfnissen, ihren Träumen, ihren Ängsten, ihren Wünschen zu verstehen. Und mit ihrer Dringlichkeit zu kaufen. Kunden und Interessenten haben doch unterschiedliche Kaufmotive. Und die Kaufmotive eines Technikers sind anders als die des Einkäufers oder des Geschäftsführers. Und deine Aufgabe besteht doch darin, die unterschiedlichen Motive zu harmonisieren, sie in Einklang zu bringen.

REGEL IM VERKAUF: Zwei Abschlüsse oder zwei Präsentationen sind niemals identisch.

Sie sind doch abhängig von den Motiven und den Einwänden, das Verstehen der Kaufhindernisse, das Entdecken der wahren Kaufmotive und diese Punkte zu harmonisieren mit der Person und seiner Persönlichkeit. Zusätzlich geht es noch darum, die finanziellen Parameter anzugleichen.

In meinem Verkäuferleben bin ich immer auf viele „Nein", „Nein-" gestoßen, sobald ich nach einem vorgefertigten Verkaufs-System verkauft habe. In diesem Prozess habe ich mich immer unwohl gefühlt, fand das unpassend für mich, unecht, unrealistisch und manipulativ. Wer will sich schon gerne manipulieren lassen? Und das in der neuen Welt VERKAUFEN 4.0 – eine Welt, in der Kunden und Interessenten besser informiert sind als viele Verkäufer.

Das soll nicht heißen, dass ein solches System völlig verkehrt ist. In den meisten Fällen triffst du nicht auf diese Situation, die mit irgendeiner der bisherigen identisch ist. In diesem Verkaufs-System konzentriert sich der Verkäufer auf das System – nicht auf die Harmonisierung mit seinem Gesprächspartner.

Es gibt im Verkauf kein System, das in allen Verkaufssituationen erfolgreich ist – ABER es gibt spezielle Elemente, die übernommen werden können. Ich sage dir nicht, dass du alle Systeme kennen lernen sollst. Dein gesamtes Wissen im Verkauf ist WERThaltig. Ich sage dir: sei du selbst im Verkauf, nicht dein System.

REGEL IM VERKAUF: Interessenten kaufen nicht nach einem Verkaufs-System, das du gelernt hast.

Hier kommen einige weitere Denkanstöße:

DIE REGEL DES MEHR – MEHR – IMMER MEHR:

- Je mehr du an dein Unternehmen, an deine Produkte und an dich selbst glaubst, um so MEHR wirst du verkaufen.

- Je MEHR WERThaltigen Nutzen du deinem Gesprächspartner präsentierst, umso MEHR wollen die Personen wissen, respektieren dich und kaufen von dir.

- Je MEHR du nachfasst, umso MEHR Abschlüsse wirst du machen.

- Je MEHR du lernst über Verkaufen, um so MEHR weißt du und bist für alle Verkaufssituationen perfekt vorbereitet.

- Je MEHR du mit deinem Gesprächspartner harmonisierst und seine Fragen alle bestens beantwortest, um so MEHR Aufträge werden sie dir mitgeben.

Als Verkaufsprofi ist es deine Aufgabe, die wahren Kaufmotive zu erfragen. Es sind seine Kaufmotive und die sind niemals deckungsgleich mit deinen Verkaufsmotiven.

Nur wenn du die wahren Kaufmotive entdeckst, werden sie handeln. Im Wort Motivation steckt das Wort Motiv.

Harmonisieren heißt verstehen und nicht manipulieren. Es sensibilisiert den Ton in deinem Verkaufsgespräch und gibt deinem Gesprächspartner das Vertrauen, bei dir zu kaufen. Harmonieren wandelt das Gespräch von einem Verkaufsgespräch zu einem Kaufgespräch.

Ich arbeite permanent daran, den *„besten Weg"* für einen Abschluss zu finden. Auf meinem Weg habe ich drei Elemente entdeckt, die eine Atmosphäre entstehen lassen, in der Interessenten und Kunden gerne kaufen. Diese drei Elemente sind: *Einstellung*, *Humor* und *Aktivität*. Diese Punkte sind – vorausgesetzt du beherrschst sie – die Verkaufsformel für langfristigen Erfolg. Sie haben nichts zu tun mit einem System, einer Manipulation oder mit Verkaufsdruck. Diese Elemente lassen erst eine Harmonie entstehen.

Jeder Verkäufer und jede Verkäuferin, die ich bisher getroffen habe, strebt eine langfristige Partnerschaft mit Kunden an. Der erfolgreichste Weg ist doch, meinen Gesprächspartner nicht zu manipulieren. Manipulation führt zu Zurückhaltung, Abwehr und Misstrauen. Ergebnis: kein Auftrag.

Fritz, es wird Zeit für dich zu harmonisieren!

Kapitel #17: Glaubenssätze im Vertrieb

Nur weil du etwas glaubst, muss es nicht auch wahr sein!
Unsere Glaubenssätze, also die "*Wahrheiten*", von denen wir fest überzeugt sind, prägen uns, unser Denken, Fühlen und Handeln.

Wir übersehen dabei oft nur eines:

Wenn wir etwas glauben, dann ist das nur eine mögliche Sicht der Dinge und eben nicht die Wahrheit.

Die Sache mit den Glaubenssätzen:

Glaubenssätze sind Meinungen und Überzeugungen, die wir uns aus bestimmten Erlebnissen oder Erfahrungen gebildet haben oder die wir von anderen Menschen übernommen haben.

Typische Glaubenssätze sind z. B.:

"Andere wollen dich immer übers Ohr hauen."
"Geld macht arrogant."
"Männer können nicht treu sein.
"Frauen können nicht sachlich bleiben."
"Ich bin nicht liebenswert."
„Man soll den Tag nicht vor dem Abend loben."
„Alle Millionäre sind Schweine."
„Geld macht unglücklich."

An diesen Beispielen kannst du erkennen, dass Glaubenssätze sehr häufig Verallgemeinerungen sind, die etwas in Stein meißeln, das so gar nicht immer zutreffen muss.

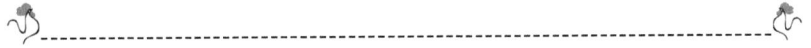

Damit machen wir uns das Leben oft schwer, denn wir verschließen uns vor der Möglichkeit, andere, vielleicht viel positivere Erfahrungen zu machen.

Warum bilden wir uns Glaubenssätze?

Glaubenssätze und Überzeugungen geben uns Halt und ein Gefühl von Sicherheit. Sie sind für viele Menschen wir ein Geländer, an dem man sich entlang hangeln kann und das uns vor Enttäuschungen schützt. Tatsächlich aber können genau diese Überzeugungen einen großen Teil dazu beitragen, dass wir immer wieder Schmerzen und Enttäuschungen erleben, da wir selbst durch unsere Erwartungshaltung oft genau solche Situationen anziehen, in denen wir uns in unserem Glaubenssatz wieder bestätigt sehen

Alles nur Zufall?

Vielleicht kennst du das ja von dir selbst oder auch von anderen Menschen, dass wir oft genau das anziehen, von dem wir überzeugt sind:

- Da lernt genau die Frau, die überzeugt davon ist, dass kein Mann es je mit ihr ernst meint, immer nur solche Männer kennen, die sie dann auch wirklich schlecht behandeln.

- Da wird genau dem Mann die Brieftasche von einem Teenie gestohlen, der davon überzeugt ist, dass die Jugend von heute verdorben ist.

- Da wird genau dem Mitarbeiter gekündigt, der schon immer sagt, dass es ihn als Ersten trifft, wenn Stellen abgebaut werden. usw.

Alles Zufall, oder?

Was wir glauben, muss nicht wahr sein...

Eigentlich steckt es ja bereits im Wort:

Es heißt schließlich Glaubens-sätze und nicht Wahrheits-sätze o.ä. Aber dennoch stellen Glaubenssätze für die meisten von uns eine unverrückbare Tatsache dar, mit denen wir es uns aber oft viel schwerer als nötig machen.

Es ist nämlich möglich, unsere Glaubenssätze zu ändern, wenn sie uns nicht gut tun.

Je eher du damit beginnst, deine Überzeugungen einfach einmal vorsichtig zu hinterfragen, desto leichter wird es für dich, sich von Glaubenssätzen zu lösen, die dir nicht gut tun.

Typische Glaubenssätze im Verkauf:

Negativ: *„Ich kann einfach keine Menschen ansprechen."*
Positiv: *„Ein Fremder ist ein Freund, den ich noch nicht kenne."*

Negativ: *„Akquise macht zu viel Arbeit und bringt wenig."*
Besser: *„Ich mache keine Akquise – ich erweitere mein Netzwerk."*

Negativ: *„Ich habe Angst vor dem Abschluss."*
Positiv: *„Der Interessent hat Interesse, er will jetzt kaufen."*

Negativ: *„Wer zu viel Geld verdient, der spielt unfair."*
Positiv: *„Geld ermöglicht es mir, meine Träume zu verwirklichen."*

Negativ: *„Als Verkäufer bin ich immer ein Bittsteller."*
Positiv: *„Verkäufer sind Chancenvermittler und Problemlöser."*

Negativ: *„Verkaufen bedeutet, den Kunden zu überreden, etwas zu kaufen."*
Positiv: *„Verkäufer sind Visionäre, sie sehen schon jetzt, was dem Kunden in Zukunft das leben leichter macht."*

Negativ: *„Zu viel Erfolg macht krank."*
Positiv: *„Ich liebe meinen Beruf und kann selbst entscheiden, wie viel ich arbeite und wann ich mir eine Pause gönne."*

Vertrauen im Vertrieb wird nur dann entstehen, wenn du als Verkäufer in deinem Erstgespräch intelligente und auf eigenem Wissen basierende Fragen stellst, dem Kunden aktiv zuhörst und durch Nachfragen zeigst, dass du die Antworten des Kunden und sein Geschäft verstehst.

Kapitel #18: Aus den Augen – aus dem Sinn!

Eine große amerikanische Beratungsfirma (spezialisiert auf Beratung und Personalauswahl) hatte im ersten Halbjahr 2016 insgesamt 350 Geschäftsführer und Führungskräfte befragt: *In welchen drei Punkten unterscheidet sich der Topp-Verkäufer von dem durchschnittlichen Verkäufer?*

Sowohl die Geschäftsführer als auch die Führungskräfte (das sind alles Personen, die selber NICHT verkaufen, aber ihre Verkäufer anhalten viel zu verkaufen, damit ihre Boni ausbezahlt werden) nannten als wichtigste Komponente Selbstdisziplin/Motivation.

Als weitere Punkte wurde aufgelistet:

- Kundenwissen,
- angeborenes Talent/Persönlichkeit,
- Produktwissen und es folgten noch
- Erfahrung und
- Teamwork.

Absoluter Blödsinn – totaler Schwachsinn.

WERThaltiger Nutzen, Service und Unterstützung sind doch die WAHREN drei Punkte, die deine Kunden und Interessenten dazu bringen, dir ihre Aufträge und Loyalität zu erteilen.

Ach nee: Warum stellt eine große und namhafte Unternehmensberatung solche Fragen an die Geschäftsführung? Warum werden nicht die Personen gefragt, die das aktuelle Tagesgeschäft betreiben? Oder Kunden?

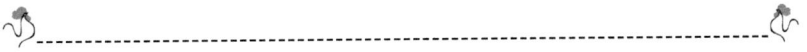

Ich bin Autor und ich bin ein Verkäufer. Ich führe Verkaufstelefonate und Verkaufsgespräche – Tag für Tag. Wenn du an den wichtigsten Punkten interessiert bist, die einen Topp-20%-Verkäufer auszeichnen, dann lies das bitte jetzt hier:

Was einen TOPP-20%-Verkäufer auszeichnet:

#1. Konstante, einheitliche positive Ja!-Einstellung verknüpft mit Begeisterung und Leidenschaft.

Das ist die erste und wichtigste Regel im Verkauf, sobald du deinem Interessenten/Kunden gegenübertrittst. Mit wie viel Engagement behandelst du die Einwände, deine Aussagen über den Mitbewerb, die wirtschaftliche Situation und wie wirkst du in diesem Moment auf deine Gesprächspartner?

#2: Vervierfache deine Glaubenssätze.

Die ersten drei Glaubenssätze sind der Glaube an DICH, der Glaube an das Unternehmen und der Glaube an die Produkte und Dienstleistungen. Der vierte Glaubenssatz handelt davon, dass du davon überzeugt sein musst, dass deine Produkte und Dienstleistungen deinem Gesprächspartner einen entscheidenden WERThaltigen Nutzen bringen werden, sobald er bei dir kauft.

#3. Entwickle mehr Kreativität.

Kreativität, um dich von deiner Konkurrenz zu unterscheiden und auch neue Ideen in deinen Gesprächen zu präsentieren.

#4. Bring WERThaltigen Nutzen.
Der überwiegende Teil der Verkäufer verkauft Produkteigenschaften. Dein Interessent sagt nur dann „JA" zu deinem Angebot, wenn du die Antwort auf seine Frage *„Was bringt mir das*?" präsentierst. Dann bekommst du den Auftrag, einen weiteren Auftrag und die Loyalität deines Gesprächspartners.

#5. Positionier dich als Wortführer und veröffentliche Texte
Da solltest du schon deinen eigenen Wordpress-Blog (www.vornameNachname.de) im Netz haben, einen eigenen wöchentlichen Newsletter, aktiv auf den unterschiedlichen sozialen Plattformen sein, so dass deine Interessenten und Kunden dich als einen Wortführer in deinem Bereich sehen. Aus einem Newsletter-Leser wird 6x häufiger ein zahlender Kunde – verstehst du jetzt, warum ich jeden Dienstag mein *„sales vitamins – frische Vitamine für besseres Verkaufen"* an über 4.153 Empfänger versende?

#6. Dein überzeugendes Präsentationswissen
Es geht nicht nur um Kommunikation, es geht darum die richtigen und tiefergehenden Fragen zu stellen, es geht um das aktive Hinhören und es geht um eine Prise Humor. Die Eigenschaft, deine Gesprächspartner zu begeistern wird dazu beitragen, dich aktiv und gerne zu unterstützen (in dem Fall ist ihre Geldbörse weit geöffnet).

#7. Ein harmonisches Verhältnis aufbauen
Mit einem „click" in einem Gespräch von Angesicht zu Angesicht ein harmonisches Verhältnis aufzubauen, das nennt sich dann Rapport. Du kennst ja die zwei Grundeigenschaften für erfolgreiches Verkaufen: Glaubwürdigkeit und *V*ertrauen.

#8. Den WERThaltigen Nutzen vermitteln mit Empfehlungen
Empfehlungen verkaufen dann, wenn Verkäufer nicht weiter kommen. Dazu setzen erfolgreiche Verkäufer in ihren Gesprächen auch YouTube-Videos ein. Die Realität ist: du bekommst keine Empfehlungen – du hast sie dir verdient.

#9. Eine Atmosphäre schaffen, in der dir deine Gesprächspartner gerne den Auftrag erteilen.
Die Menschen hassen es, wenn ihnen etwas VERKAUFT wird. Es geht nicht um präsentieren und reden, es geht um aktive Fragen mit Begeisterung.

#10. Eine Beziehung aufbauen – fort mit „Jäger" und „Heger".
Mich wundert es immer wieder, wenn Führungskräfte ihre Verkäufer in die zwei Bereiche *„Jäger"* und *„Heger"* eingeteilt werden. BITTE HILF MIR! Topp-Verkäufer bauen doch ein vertrauensvolles und partnerschaftliches Verhältnis auf und dadurch gewinnen ihre Interessenten und Kunden.

Deine Führungskraft hat doch nur eine Aufgabe: Dich zum dauerhaften erfolgreichen Verkäufer auszubilden! (http://bit.ly/2OPrZ3D).

Die Führungskräfte allerdings stecken die meiste Zeit den Kopf in den Sand, sind nicht in der Lage, ihr Notebook zu öffnen, untersagen die Nutzung der sozialen Netzwerke und das Lesen interessanter Blogs am Arbeitsplatz. Das ist alles NEULAND für Sie.

Mein persönlicher Hinweis: Wenn das an deinem Arbeitsplatz so ist, so solltest du dir ganz schnell einen anderen Arbeitsplatz besorgen.

#11. Deine persönliche Plattform in den sozialen Medien, um deinen guten Namen zu festigen.

Minimum dafür sind 500 Facebook-Likes, 250 LinkedIn-Kontakte, 500 XING-Kontakte, 5 YouTube-Videos und dein wöchentlicher Blog mit Spezialthemen aus deinem Bereich.

#12: Ganz klare persönliche Werte.

Großartige Menschen haben großartige Werte und eine großartige Moral. Interessant, dass die 350 gefragten Führungskräfte der Meinung sind, das dieser Punkt keine Rolle spielt.

#12.5 Das persönliche ZIEL, der BESTE zu sein.

Das ist doch der Wunsch eines jeden Verkäufers. ABER die besten Verkäufer haben sich diese Punkte alle auf die Fahne geschrieben und sie konsequent umgesetzt.

Im Verkauf ist kein Platz für einen zweiten Platz, für eine Silber- oder Bronzemedaille. Entweder du gewinnst oder du verlierst. Die Topp-20%-Verkäufer arbeiten täglich daran.

Und mein Tipp für die nächste Umfrage: hier kommt meine Wahnsinns-Idee für Vorstände, Geschäftsführer und weitere Führungskräfte im Verkauf. Es gibt einen ganz einfachen Weg herauszufinden, was die wichtigsten Faktoren von großartigen Verkäufern sind: greif zum Hörer und ruf einige Kunden und Interessenten an!

Und wenn du wirklich viel Spaß dabei haben willst, dann mach das gemeinsam mit deinem Marketingleiter. Oder wird das peinlich für euch beide?

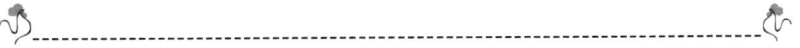

Kapitel #19: Dein Gesprächspartner meldet sich nur, wenn sein Telefon klingelt.

Professionelle Telefonakquise - so füllst du deinen Verkaufstrichter

Frage: *"Was ist zu tun, damit ein Verkäufer sofort seine Arbeit unterbricht?"*
Antwort: *"Stell ihm ein Telefon vor die Nase!"*

Das ist ein Witz, den ich gerne auf meinen Trainings zur **Telefonakquise Verkaufstrichter** erzähle. Kommt immer wieder gut an, da sich doch einige Teilnehmer direkt wiedererkennen: *"Akquise? Schleich dich, ich habe wichtigere Prioritäten!"*

Kennst du den stressintensivsten Moment für einen Verkäufer? Der Moment ist gekommen, wenn der Verkäufer den Hörer (oder das Smartphone) in die Hand nehmen und einen Interessenten anrufen soll! Okay, er hat immer noch die Hoffnung, dass sich am anderen Ende der Leitung niemand meldet.

Verkäufer schieben ihre dringende Telefonakquise auf die lange Bank und starten andere Aktivitäten, die – jetzt genau in diesem Moment – viel wichtiger sind als das Akquise-Telefonat.

Jede Ausrede – und ich spreche hier von jeder Ausrede – hat bei ihnen immer die allerhöchste Priorität. Und wenn ein Gesprächspartner am Telefon sagt: *"Das brauche ich schriftlich als Angebot"* schieben sie das Telefon spontan zur Seite und starten mit dem Angebot – obwohl der Gesprächspartner sagte, dass er in den kommenden drei Monaten keine Entscheidung treffen wird.

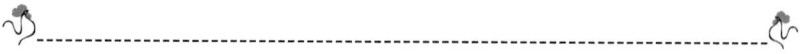

Bei ihren Vorgesetzten beschweren sich diese Verkäufer noch, dass keiner sich meldet, sobald sie anrufen. Jede weitere Argumentation in diesem Zusammenhang ist verschwendete Zeit.

Die zwei Glaubenssätze:

- *„Die Menschen wollen nicht mehr angerufen werden!"* und
- *„Kaltakquise ist ja so was von tot!"*

festigen sich immer mehr. Blödsinn!

Da habe ich noch einen kleinen Tipp für dich: dein Vorgesetzter hat dich als Verkäufer (Key-Accounter, Business-Botschafter, Beratungs-Berater etc.) eingestellt. Und VERKAUFEN ist ein Tu-Wort, es gibt da etwas *zu tun*.

Oder bist du als WARTER eingestellt? Du WARTEST darauf,

- dass dein Telefon klingelt,
- dass dich deine Interessenten anrufen
- dass deine Interessenten bei dir Schlange stehen
- dass deine Leadgenerierung auf „Automatik" gestellt ist.

Träum weiter, Fritz! Draußen laufen genug Bauernfänger rum, die das *„Blaue vom Himmel"* versprechen und ich kenne viele Leute, die sang- und klanglos untergegangen sind. Ihr Verkaufstrichter wurde leerer und leerer und irgendwann war er ganz leer.

Dabei ist doch Telefonakquise der zielgerichtete, effektivste und effizienteste Weg, um potentielle Kunden anzusprechen. Mit keinem anderen Medium hast du Gelegenheit, persönlich, direkt und zeitnah mit deinem Interessenten zu sprechen. Internet, social-media und Smartphone haben daran nichts verändert.

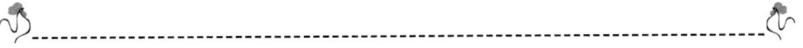

In diesem Sommer hatte ich ein zweitägiges Training **Telefonakquise Verkaufstrichter** für ein Unternehmen. Der Geschäftsführer erzählte mir in der Vorbesprechung, dass das größte Problem seiner Mitarbeiter die Akquisition sei. Seine Aussage: *„Es fällt uns immer schwerer die Mitarbeiter dahingehend zu motivieren, dass sie den Telefonhörer in die Hand nehmen, akquirieren und ihren _Verkaufstrichter füllen."*

Am ersten Trainingstag nahm er mich – noch vor der Begrüßung – zur Seite und sagte: *„Ich hoffe, ich bringe Sie nicht in eine unangenehme Situation. Wir haben über die derzeitige Situation in unserer Branche noch nicht mit den Verkäufern gesprochen und es wird weiterhin viel zu wenig akquiriert. Sie haben ja auch ein Training on the job vorgesehen mit Life-Telefonaten – versprechen Sie sich nicht all zu viel davon."*

Am zweiten Tag starteten wir mit unserer Telefonakquise Verkaufstrichter: Life-Telefonate mit Interessenten und Kunden.

Schwerpunktaktivitäten waren:

- Interessenten qualifizieren und disqualifizieren
- Terminvereinbarungen
- Verkaufen direkt am Telefon
- Wandeln von Angeboten in Aufträge (Nein, nicht „Nachfassen von Angeboten" – Nachfassen kann nun wirklich nicht das Ziel eines Verkäufers sein)
- Produkt-Ankündigungen
- Sonderverkäufe
- Einladungen zu Schulungen und Seminaren

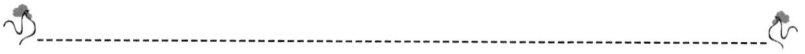

HURRA! Das Ergebnis mit 9 Verkäufern:

- 396 Wählvorgänge
- 56 Nettokontakte mit:
- 41 Terminen
- 8 Auftragszusagen
- 7 Absagen

Das heißt also, das jeder Verkäufer im Schnitt mit ca. 6 Entscheidern (Nettokontakte) gesprochen hat. Da jedes Verkaufsgespräch am Telefon individuell analysiert wurde, ergaben sich diese Zahlen. Im realen Leben (ohne Trainer/Coach) werden diese Zahlen mindestens doppelt so hoch sein.

Telefontraining Verkaufstrichter:

Am Ende des Tages saß ich mit dem Geschäftsführer zusammen und wir schauten gemeinsam auf die Ergebnisse. Er war außer sich vor Freude – zum einen mit der Frage an mich: *„Wann können Sie wiederkommen"* und anderseits irritierten ihn die positiven Zahlen.

„Ich verstehe nun wirklich nicht, wie Sie zu diesen Ergebnissen kommen. Jeder im Vertrieb erzählt mir, dass niemand ans Telefon geht und dass die Interessenten schlecht zu erreichen sind. "
„Wer sagt denn so was?" fragte ich ihn.
„Unsere Verkäufer," sagte er.
„Sind das die gleichen Leute, von denen Sie sagen, sie wollen nicht telefonieren?" fragte ich weiter.
Und dann hörte ich, wie der Groschen bei ihm fiel.

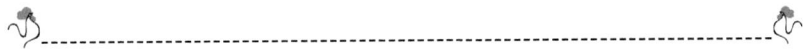

Ist doch klar: Wer meldet sich schon am Telefon, wenn es nicht klingelt?

Oder positiv und zielorientiert ausgedrückt:

Dein gewünschter Gesprächspartner meldet sich nur dann am Telefon, wenn sein Telefon klingelt.

Kapitel #20: Glaubst du wirklich an: *„Den Auftrag machen?"*

*„Oh, Fritz, den Auftrag musst du dir erst **verdienen**!"*

Ich bin immer wieder erstaunt, wie viele Verkäufer mich fragen: *„Werner, wie komme ich am schnellsten an den Auftrag?"*

Es ist doch keine Technik. Keine Manipulation. Du wartest doch nicht bis zum Ende deiner Präsentation und startest dann den Abschluss. Das hat auch nichts mit deinem besonderen Timing zu tun. Du brauchst auch nicht damit Leben, dass du abgelehnt wirst.

Was erforderlich ist: eine engagierte Unterhaltung mit Jemandem, der bereit ist, dich und deine Produkte und Dienstleistungen zu kaufen. Eine Unterhaltung, die NUTZEN beinhaltet, ein visualisiertes klares Ergebnis mit den Kaufmotiven und die das Emotionale in den Vordergrund stellt. Der Kauf findet zu 90% emotional statt, er wird erst anschließend rational begründet.

Das ist doch nun ganz weit entfernt vom *„Auftrag machen"*.

Wenn dein Verkauf schon negativ startet, wie soll da dein Ergebnis positiv sein?

„Den Auftrag machen" ist ein völlig verkehrter Gedankengang. Der interessierte Kunde macht seine oder ihre Entscheidung abhängig vom Verkaufsprozess und seiner Frage: *„Was bringt mir das?"*

Wenn du den Verkauf komplettieren willst – im Regelfall wird das ja bezeichnet als *„den Auftrag machen"* – schaffst du eine Atmosphäre in der dein Interessent kaufbereit ist. Das bedingt doch, dass du dir Fragen stellen musst, wie der Auftrag deiner sein wird.

ACHTUNG: Wenn du dir die richtigen Fragen stellst und selber die Antworten nicht kennst, dann sind das die ersten Hinweise für dich, dass du den Auftrag verlieren wirst. Je besser und tiefergehender deine Antworten sind, um so eher wirst du den Auftrag verdienen.

Denk an deine letzten zehn Interessenten-Termine und frag dich selbst:

- *Wie gut warst du vorbereitet aus der Sicht deines Gesprächspartners?*
- *Wie freundlich bist du in dem Gespräch gewesen?*
- *Wie begeistert bist du in dem Gespräch gewesen?*
- *Welche Emotionen hast du in dem Gespräch gezeigt?*
- *Mit welchem Wissensstand hast du überzeugt?*
- *Wie viel Selbstvertrauen hast du vermittelt?*
- *Wie identifizierst du dich mit deinen Produkten und Dienstleistungen?*
- *Wie überzeugend war deine Präsentation?*
- *Wie unterscheidest du dich von deiner Konkurrenz?*
- *Wie WERThaltig und NUTZENorientiert war deine Präsentation?*
- *Wie glaubwürdig bist du?*
- *Sehen deine Gesprächspartner in dir eine vertrauenswürdige Person?*

Den Auftrag machen? NEIN! Das ist keine Aktion. Es ist die Summe der verschiedenen Parameter, die zu einer Entscheidung führen.

Den Auftrag zu verdienen ist die Ausgewogenheit zwischen deinen Worten und Taten und ihren Gedanken und Wahrnehmungen.

Ein Verkauf findet IMMER statt – entweder du verkaufst ihnen das „*Ja*" oder sie verkaufen dir ihr „*Nein*".

GEHEIMNIS: Du bist ein gut vorbereiteter, freundlicher, begeisterter, emotional engagierter, viel fragender, nutzenbringender, glaubwürdiger, selbstbewusster und vertrauenswürdiger Verkäufer – und ICH GEBE DIR GERNE DEN AUFTRAG. Da findet doch kein Abschluss statt.

- Es liegt nicht in der Verantwortung des Verkäufers, einen Auftrag zu machen. Es ist die Verantwortung des Verkäufers den Interessenten zu begeistern.

- Es liegt nicht in der Verantwortung des Verkäufers, einen Auftrag zu machen. Es ist die Verantwortung des Verkäufers die richtigen Fragen zu stellen, um die Bedürfnisse, Wünsche und Träume seines Gesprächspartners zu entdecken.

- Es liegt nicht in der Verantwortung des Verkäufers, einen Auftrag zu machen. Es ist die Verantwortung des Verkäufers den individuellen NUTZEN zu vermitteln.

- Es liegt nicht in der Verantwortung des Verkäufers, einen Auftrag zu machen. Es ist die Verantwortung des Verkäufers die Unterschiede dem Interessenten zu vermitteln.

- Es liegt nicht in der Verantwortung des Verkäufers, einen Auftrag zu machen. Es ist die Verantwortung des Verkäufers den Auftrag zu verdienen.

Es ist so viel über den „Abschluss" und „Auftrag machen" geschrieben worden. Keine Stufe aus dem Verkaufsprozesses wurde so umfangreich beschrieben wie Abschluss und Auftrag. Der überwiegende Teil handelt davon, den Interessenten in die Ecke zu zwängen und ihm die Pistole auf die Brust zu setzen: „Entscheide dich jetzt für mich!" Druck erzeugt ja bekanntlich immer Gegendruck und eine solche Situation führt nur zu einem „Nein" deines Gesprächspartners.

In diesem Artikel habe ich dir aufgezeigt, wer für den Auftrag letztlich verantwortlich ist und wie der Auftrag realisiert werden soll.

BESONDERE BOTSCHAFT: Wenn du diesen Ansatz in deine Arbeitsweise jetzt implementierst, dann wirst du weniger von diesem ganzen Krimskrams hören: *Der Preis ist zu hoch, ich will noch mal darüber nachdenken, muss ich mit dem Boss besprechen, wir werden das nächste Woche im Meeting besprechen und rufen Sie mich doch am Donnerstag der nächsten Woche an, oder senden Sie mir ein Angebot oder bla, bla, bla...*

Ja, ich habe auch viele Artikel geschrieben, unter anderem in den Newslettern und in meinen Büchern. Alle meine Informationen und Statements stimmen weiterhin harmonisch mit meiner Philosophie überein:

- *Niemals manipulieren und*
- *Aufbau einer partnerschaftlichen, vertrauensvollen und langjährigen Zusammenarbeit.*

DER SCHLÜSSEL: Hab ein gutes Gefühl dabei. Erzeug in jedem Gespräch gute Gefühle. Bist du in einer Verkaufssituation und du fühlst keine Harmonie, fehlende Begeisterung oder dich nervt die sinnlose Kommunikation, dann geh einen Schritt wieder zurück und setz neu auf.

Bau Vertrauen auf. Vertrauen ist der Schlüssel zu einer langjährigen und erfolgreichen Zusammenarbeit. Die Basis für Vertrauen ist die Wahrheit.

Mit Vertrauen gewinnst du mehr Aufträge als mit der Manipulation oder mit dem Hardselling. Alles was du nur tun musst: switch dich um von „Auftrag machen" auf „Auftrag verdienen" – dann hast du den Auftrag. Glückwunsch!

Deine Geschäfte gehen nicht dort draußen wirklich gut oder schlecht.

Deine Geschäfte gehen bereits in deinem Denken gut oder schlecht.

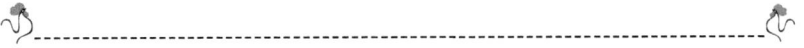

Kapitel #21: social selling – der absolute Selbstläufer?

Wartest du darauf, dass deine Interessenten bei dir anrufen und dir Aufträge erteilen? Träum weiter Fritz, VERKAUFEN ist ein Verb, ein TU-Wort. Du wirst nur Erfolg haben, wenn du zum Telefon greifst und deine Interessenten anrufst.

social-selling ist überhaupt kein Selbstläufer!

Hier lüfte ich das große Geheimnis um social-selling:

"social-selling" bedeutet schlichtweg, dass Vertriebsmitarbeiter und/oder Unternehmen soziale Netzwerke für die Kundenanbahnung nutzen.

Und jetzt erklären dir die sogenannten *„social-selling Gurus"*, dass alle deine Vertriebsprobleme in Zukunft gelöst werden, sobald du nur noch social-selling betreibst. Zu meiner großen Bestürzung schrieb kürzlich einer dieser „Gurus" sogar, dass die Akquisition grundsätzlich mausetot sei und der Verkäufer ab sofort alle seine Kraft auf social-selling zu konzentrieren habe. Und dafür hat er einen 12-Punkte-Plan entwickelt, den er exklusiv – versehen mit einem speziellen Rabatt – verkauft. Ironischerweise und dazu noch heuchlerisch wurde mir dieser Plan per Kaltakquise angeboten!!!

Ein anderer *„social-selling-Guru"* rief einen Personalberater an mit dem Hinweis auf sein neues Programm zur Lead-Generierung. Der Personalberater fragte ihn direkt am Telefon: *„Wenn Ihr Programm tatsächlich so gut ist, warum machen Sie denn Kaltakquise bei mir? Müsste ich Sie da nicht anrufen?"* Das Telefonat war sofort beendet.

social-selling ist überhaupt kein Selbstläufer!

Wenn du auch schon auf diesen Zug aufgesprungen bist: *social-selling erledigt alle deine Akquise Probleme und du brauchst nie wieder Menschen in ihrer Arbeit unterbrechen* – dann wird es Zeit für einen Realitäts-Check.

Social-selling ist ein Vertriebskanal, ein neuer Vertriebskanal. Social-selling verbessert, steigert und beschleunigt deine Interessenten-Qualifizierung. Es ist ein starker Kanal, der ein Teil deiner Akquisition sein sollte. Aber social-selling ersetzt NICHT deine eigene Akquisition/ Kaltakquisition.

Deine social-selling-Chance:

In manchen Projekten unterstütze ich einen Personalberater bei der Auswahl von Verkäufern im B2B. Zuletzt hatte ich den Verkäufer Kevin getroffen, mit dem ich vor einem Jahr ein Bewerbergespräch geführt hatte. Jetzt erzählte er mir, dass für ihn die Akquise am Telefon tot sei. Er hatte einen Fachartikel gelesen und spontan ein Webinar von diesem „Akquise-Guru" besucht. In diesem Webinar (*…mit dem niemals endenden Strom von qualifizierten Interessenten…*) lernte er, wie er mit einer sensationellen LinkedIn-Strategie neue Interessenten gewinnt (dafür hat er € 299 bezahlt).

„Es ist doch so," sagte er mir, „dass niemand mehr ans Telefon gehen will. Interessenten/Kunden wollen zu ihren Bedingungen mit Verkäufern sprechen."

Er sprach dann noch von „*der alten, toten Schule*" – aber wir fanden einen guten Kompromiss. Wir starteten einen Wettbewerb: er akquirierte mit seiner neuen Methode, ich mit meiner Methode – eine ganze Woche lang.

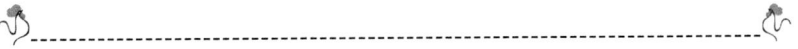

Am Ende des ersten Tages tauschten wir die Ergebnisse aus. Er hatte sieben neue Interessenten – *„wirklich qualifizierte Interessenten"* sagte er.

Werner: *„Beeindruckend – und was hast du verkauft?"*

Kevin: *„Ne, Werner so geht das nicht. Meine Methode braucht Zeit"*, antwortete er.

Dann listete ich meine Daten auf: 73 Wählvorgänge, 9 Nettokontakte und zwei Seminarzusagen im Wert von € 998! Zeitdauer: 2 Stunden Akquise.

Du kannst dir sicher vorstellen, wie mein Ergebnis nach einer Woche aussah?

Ich hatte 15 Zusagen (Volumen € 7.500) und das Honorar so gut wie in der Tasche.

Er hat viel geliked, getwittert, verXINGt, hat auf viele Posts reagiert, hat sich in den nationalen und internationalen Netzen umgeschaut, hat sich in verschiedenen Gruppen angemeldet, Kommentare abgegeben, InMails verschickt …… – und verkauft? **NICHTS! Gar nichts!**

Damit eins klar ist: Ich nutze den social-selling-Kanal ebenfalls für meine Aktivitäten. Nur: ich habe dieses neue Medium eingebunden in meine Vertriebsaktivitäten.

Vertriebler Kevin hatte sich auf die Aussage des *„Guru"* verlassen, dass mit einem minimalen Aufwand ein permanenter Fluss von qualifizierten Interessenten auf ihn zuströmt und er sich die dicksten Fische aussuchen kann. Kein Zwang. Kein großes Brimborium. Keine Unterbrechungen am Arbeitsplatz. Du sitzt auf deiner Yacht auf Mallorca und parallel dazu strömen deine Interessenten dir zu.

Wenn du glaubst, dass social-selling die Zauberfee ist, die dich zum nächsten Superstar erhebt, dann kommt für dich ein bitterböses Erwachen.

Social-selling wird deinen Verkaufstrichter nicht auffüllen und es werden auch keine Interessenten bei dir Schlange stehen. Es braucht mehr als einen XING- oder LinkedIn-Account, um darauf zu hoffen, dass ein Interessent von alleine aktiv wird und dich bei deiner Arbeit unterbricht.

Deswegen ist die Ausgewogenheit so wichtig. Die Ausgewogenheit zwischen Interessenten-Qualifizierung und deinen anderen Verkaufskanälen einschließlich Telefon, E-Mail, SMS, Networking, Referenzen und Empfehlungen etc.

Nur mit dem richtigen Mix wirst du erreichen, dass du den richtigen Interessenten zur richtigen Zeit über den richtigen Kanal mit der richtigen Botschaft erreichst.

Es geht nicht um social selling **oder** Akquisition - sondern weiterhin social selling **plus** Akquisition.

Mein Wettbewerbspartner Kevin hat erfahren, dass er mit einer ausgewogenen Aktivität sein Bankkonto hätte viel schneller füllen können.

Warte nicht darauf, dass dich irgendwann einer anruft. Verkaufen ist ein TU-Wort – greif zum Hörer und ruf jetzt deine Interessenten an.

Die gute Nachricht: du brauchst gar nicht zum Hörer greifen – dein Smartphone bietet dir eine viel elegantere und leichtere Bedienung.

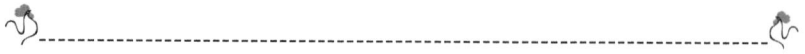

Kapitel #22: Die goldene Frage und wie du kontinuierlich Wachstum erreichst

Es gibt tatsächlich die goldene Frage. Es ist die eine Frage, die wirklich mehr Glück für die bedeutet, die diese Frage stellen. Dabei spielt es keine Rolle, in welcher Branche du als Verkäufer tätig bist.

Es ist eine etwas schwierige Frage, da sie dazu führt, dass du in dich reinhörst.

Deine besten Fragen sind ja reserviert für andere. Du bevorzugst ja die Fragen, da die Antwort von anderen kommt.

Das besondere an unserem 21. Jahrhundert ist doch die Tatsache, dass wir schnelle Veränderungen erleben. Eh das wir es bemerken, hat sich die Welt schon weiter gedreht. Wie können wir in einer Welt leben bzw. überleben, in der es so schnelle Veränderungen gibt?

Weißt du, dass es das Mobiltelefon erst seit dreißig Jahren gibt?

Das Überleben ist ja nur der Beginn. Wie können wir erfolgreich und ungezwungen leben? Wie kommst du mit den Veränderungen klar, wenn du gerade nicht der Typ bist, der sich täglich neuen Herausforderungen stellen will? Die Antwort in diesem Fall hat mehr mit der Frage zu tun als mit deiner Antwort.

Wenn Veränderungen tatsächlich so einfach wären, würde doch jeder schnell mit damit klar kommen. Tatsache ist, dass Veränderungen – gerade persönliche Veränderungen – nicht einfach sind. Da sie nicht einfach sind, solltest du sie auch nicht ignorieren. Kleine Veränderungen können schwierig sein.

Große Veränderungen sind noch schwieriger. Radikale Veränderungen sind am schwierigsten und extrem durchzusetzen.

Mein Ansatz ist auch in diesem Fall ganz einfach. Fang nicht damit an, gleich große Veränderungen durchzusetzen. Mach viele kleine Veränderungen. Um einen Berg zu erklimmen, gehst du ja auch nur Schritt für Schritt vor. Je mehr kleine Schritte du machst, umso mehr große Schritte werden daraus. Danach stellen sich automatisch die Erfolge ein.

Hier kommt meine goldene Frage: *„Wie kann ich es besser machen?"*

Stellst du dir im Laufe deines Lebens diese Frage immer häufiger, so wirst du viele Veränderungen durchführen. Veränderst du etwas, wirst du weiter wachsen. Wenn du wächst, wirst du vorankommen. Wenn du vorankommst, hast du mehrere Möglichkeiten.

Als ein professioneller Verkäufer/professionelle Verkäuferin solltest du dich fragen, in welchen der hier aufgeführten Schlüsselelemente kannst du dich noch verbessern?

- Interessentenqualifizierung
- Terminvereinbarungen
- Aufbau eines guten harmonischen Verhältnisses
- Kundenbedürfnisse erkennen
- Fragen stellen
- Präsentationswissen erweitern
- Verhandlungsführung
- Kommunikationswissen
- Vereinbarungen treffen
- Verkaufsprozess optimieren
- Angebote schreiben
- Körpersprache – verbal und nonverbal

- Zeiteinteilung
- Mitarbeiterführung
- Zielerreichung
- Produktwissen
- Telefonverkauf
- Nachrichten auf der Mobilbox
- E-Mail schreiben
- Gebietsbetreuung
- JA!-Einstellung im Verkauf
- Einwandbehandlung
- Abschlusstechniken
- Nutzenargumentation
- Wertschätzender Umgang mit anderen Menschen
- Verkaufsgespräche optimieren
- Verkaufsprozess beschleunigen
- Verkaufstrichter auffüllen
- Neue Technologien verstehen und umsetzen
- Partnerschaft

Stell dir vor, in jedem dieser Themen verbesserst du dich nur um 1% - kannst du ahnen, was das für dich bedeutet? Und das alles nur, weil du dir die Frage stellst:

„Wie kann ich es besser machen?"
Du bist im Verkauf und damit ein Student, der lebenslang lernt. Viele ältere Verkäufer sagen mir auf den Trainings immer *„Werner, das weiß ich alles."* Im Training stellt sich raus, dass sie das tatsächlich alles wissen. Nur – sie setzen es im Tagesgeschäft einfach nicht um. Es scheitert immer an den drei Buchstaben TUN.

Um besser zu werden, lies entsprechende Fachmagazine.

Um besser zu werden, lies Fachbücher. Hier findest du einige wertvolle Bücher und E-Books: Geh auf die Seite von www.amazon.de und gib als Suchbegriff ein: Werner F. Hahn.

Um besser zu werden, hör dir während der Autofahrt meine Podcast to go an: „*Ich schicke Ihnen ein Angebot*": http://wernerhahn.de/?p=13486
Oder schau dir meine Videos auf YouTube an. Gib als Suchbegriff ein: Werner F. Hahn.

Um besser zu werden, bilde dich selber weiter. Warte nicht auf den Tag, an dem dich dein Boss zu einem Training schickt. Dann ist es zu spät. Ergreif selber die Initiative.

Beantwortest du die Frage deines Gesprächspartners, dann vermeide zwei Worte: JA und NEIN.

Kapitel #23: Deine fünf größten Feinde im Verkauf

Verkäuferfeind #5: Der Technik-Guru

Typische Berufsbezeichnung: Leiter Technik, Leitender Ingenieur, Chef-Programmierer, Technischer Leiter, neuerdings auch gerne Head Engineer, CTO Chief Technical Officer

Persönliches Markenzeichen: Er ist stolz auf sein technisches Wissen. Er ist überzeugt davon, dass alle Kunden von seinem Wissen beeindruckt sind.

Warum er dein Feind ist: Er glaubt, dass sich die Produkte von alleine verkaufen und alle Verkäufer nur Parasiten sind.

Wie er dich unter Druck setzt: Wenn er Kunden trifft, dann malt er ihnen lang und breit auf, wie die Produkte arbeiten und das sie die besten auf der Welt sind. Und wenn die Gesprächspartner seinen Erklärungen nicht folgen können, dann bezeichnet er sie als Dummköpfe.

Wie du mit ihm kooperieren kannst: Halte ihn fern von deinen Kunden. Wenn sich allerdings ein solcher Kontakt nicht vermeiden lässt, dann bereite deinen Kunden vorausschauend auf das Ereignis vor. Sie werden ihn dann nicht für seriös nehmen.

Warnung: Er wird dich gnadenlos schlecht machen, wenn du seine Kompetenzen in Frage stellst.

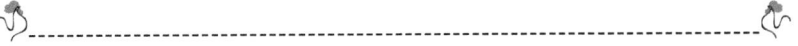

Verkäuferfeind #4: Der Erbsenzähler

Typische Berufsbezeichnung: Finanz-Chef, Leiter Finanzen, Leiter Controlling, Leiter Buchhaltung, neuerdings auch gerne Head-Account, CFO Chief Financial Officer

Persönliches Markenzeichen: Denkt nur darüber nach, wie er Geld einsparen kann. Spielt für ihn keine Rolle, welche Kosten dadurch auftreten.

Warum er dein Feind ist: Er sieht den Verkauf als Kosten an und weniger als einen wichtigen Unternehmenskern.

Wie er dich unter Druck setzt: Er entwickelt Regeln und Durchführungsverordnungen, die einen Verkauf unmöglich machen. Beispiel: Radikale Reduzierung des Reisekosten-Budgets für Verkäufer, die nur noch in einem begrenzten Radius ihre Kunden und Interessenten besuchen können.

Wie du mit ihm kooperieren kannst: Bereite ihn auf entspannte Art darauf vor, wie viel Umsatz und Profit allein bei dir dadurch verloren gehen. Bereite eine Excel-Datei o.ä. vor und beeindrucke ihn mit deinen Zahlen.

Warnung: Sobald du frustriert bist, wird ihn das nur noch stärker ermuntern. Er weiß, wenn du dich unwohl fühlst, hat er einen guten Job gemacht.

Verkäuferfeind #3: Der böse Mann

Typische Berufsbezeichnung: Leiter Marketing, Vize-Präsident Marketing, Marketing-Manager, neuerdings auch gerne CMO Chief Marketing Officer,

Persönliches Markenzeichen: Er geht davon aus, dass Marketing den Vertrieb steuert. Oder das der Vertrieb nur der verlängerte Arm des Marketing ist.

Warum er dein Feind ist: Er addiert nur die Kosten für den Vertrieb, aber lässt die Werte für den Vertrieb außen vor.

Wie er dich unter Druck setzt: Er gibt viel Geld aus für Produkt-Videos und bunte Broschüren. Inhalt: nur bla – bla – bla. Kunden und Interessenten langweilen sich bei der Präsentation und reiben sich die verschlafenen Augen.

Wie du mit ihm kooperieren kannst: Seine Aufgabe besteht ja darin, dir werthaltige Leads zu präsentieren. Macht er das nicht, lass dir für jeden Kunden den du bringst, 500 Euro gutschreiben.

Warnung: Er hat sein ahnungsloses Management gut im Griff und alle weisen gerne darauf hin, wie wertvoll der Bereich Marketing doch ist.

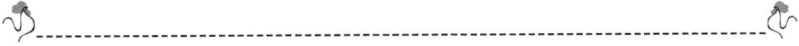

Verkäuferfeind #2: Der Diktator

Typische Berufsbezeichnung: Verkaufsleiter, Vertriebsleiter, Teamleiter Vertrieb, neuerdings gerne auch General Account Manager, Vice President Sales, Head of Sales, CSO Chief Sales Officer

Persönliches Markenzeichen: Er glaubt, als Leiter des Verkaufsteams muss er alles kontrollieren, was seine Mitarbeiter sagen und tun. Stellt er sie eine halbe Stunde in den Senkel, dann hat er sie nach seinen Angaben gecoacht.

Warum er dein Feind ist: Er schafft eine negative Umgebung, die es dir schwer macht, noch erfolgreich zu verkaufen.

Wie er dich unter Druck setzt: Er geht deine Verkaufstermine mit dir durch, spricht von deinen Abschlüssen und macht dich vor versammelter Mannschaft madig für das schlechte Ergebnis.

Wie du mit ihm kooperieren kannst: Halte dich von seinem Büro fern so oft es nur geht. Lass ihn auch im Dunkeln über deine kommenden Abschlüsse, die du in der Pipeline hast.

Warnung: Möglicherweise will er ein CRM-System installieren und dann kann er dich tagesgenau mit dem Navigationssystem kontrollieren. Schon heute werden Kontrollanrufe durchgeführt. Vorgeschobene Begründung: Zufriedenheitsanalyse. Echter Grund: Kontrolle. Jede Pinkelpause muss dann intensiv begründet werden.

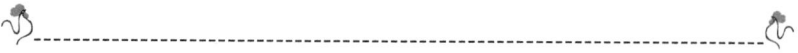

Verkäuferfeind #1: DU

Typische Berufsbezeichnung: Verkäufer, Vertriebsbeauftragter, Berater, Handelsvertreter, neuerdings auch gerne Key-Account-Manager, Kontakter, Business-Botschafter, Salesman.

Besondere Charakteristik: Du nimmst dir einfach nicht die Zeit, deinen Horizont zu erweitern. Verkaufsmethodik, Verkaufswissen, Einstellung, Begeisterung, Nutzenanalyse, Fragetechnik, Preisgespräche, VERKAUFEN 4.0 und andere Punkte des Verkaufsprozesses sind dir fremd. Auf die fünf wichtigsten Kunden-Einwände hast du keine Antwort.

Warum du dein größter Feind bist: Du bist für deinen Verkaufserfolg *verantwortlich*. Egal, auf welche Feinde und Probleme du jeden Tag in deinem Verkaufsgebiet triffst.

Wie du dich unter Druck setzt: Endloses Palaver. Du sprichst mehr beim Kunden als das du zuhörst. Präsentationen sind von dir schlecht vorbereitet. Deine Zusagen hältst du nicht ein usw. usw. usw.

Wie du mit deinen Limitierungen kooperieren kannst: Beseitige sie. Entscheide dich jetzt hier und sofort, dass du der *BESTE* in deinem Fach sein willst. Triff eine Vereinbarung mit dir und dann starte durch. Du weißt genau, was du zu tun hast.

Warnung: Wenn du diese Vereinbarung jetzt mit dir triffst und du die ersten Aktivitäten startest, wird dich keine von den vier anderen Feindbildern davon abhalten, erfolgreich im Verkauf zu werden.

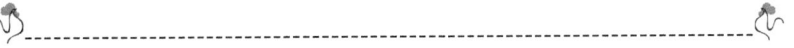

Kapitel #24: Werner F. Hahn

Werner F. Hahn ist Verkaufstrainer, Coach und Fachbuchautor. Ein Mann aus der Praxis mit vielen Jahren Berufserfahrung, der zum exklusiven Kreis der wenigen Trainer gehört, die das Verkaufen von der Pike auf im B2B bei der Nixdorf Computer AG erlernt hat.

Hahn gibt Verkaufsseminare, 5-Std.-Powertrainings, bringt frischen Wind in Vertriebsmeetings, ist ein sympathisch motivierender Gastredner, coacht mit Training on the job, ist elffacher Buchautor und gibt monatlich gratis

- das E-Mail-Magazin "*sales vitamins frische Vitamine für besseres Verkaufen*" an über 5.140 Verkäufer heraus und
- den Podcast *to go* – Lernen auf der Fahrt zu Interessenten und Kunden uns sich schnell inspirierende und motivierende Informationen jederzeit und überall abholen.

Seine Seminare und Trainings haben bisher über zehntausend Teilnehmer erfolgreich absolviert und einige tausend Verkäufer wurden direkt am Arbeitsplatz gecoacht.

Das Ergebnis:
- sofortige Erfolge im Auftragseingang, Umsatz und Ertrag
- wecken von neuen Energien,
- Stärkung der Motivation und
- das gesamte Vertriebsteam hat Spaß daran, im Verkauf tätig zu sein.

Ob das Verkaufstalent in die Wiege gelegt wird? Sicher ist: Hahn hat "Verkaufen" von der Pike auf gelernt. In allen Stufen des Vertriebs - vom Vertriebs-Assistent bis zum Geschäftsführer.

Seit 1989 bietet er sein Wissen und seine Erfahrung als selbstständiger Verkaufstrainer und Fachbuchautor an. Seine Kunden bilanzieren: Mit Werner F. Hahn haben wir einen Trumpf gezogen: für mehr Aufträge, steigende Umsätze und höheren Verdienst. Heute zählt Werner F. Hahn zu den effizientesten Dienstleistern der Branche.

Seine Methoden:

Hahn bildet aus: vom Verkaufs-Assistent bis zum Profi-Verkäufer. Meine Schwerpunkte sind: Neue Kunden gewinnen, Akquisition, Vorteil-/Nutzenargumentation, Einwandbehandlung, Fragetechnik, Preisgespräche und Preisverhandlung, Abschlusstechniken, Verhandlungstechnik, Sprache im Verkauf, Stärkung im Wettbewerb, Key-Account-Verkauf, Kommunikations- und Telefontraining, Verkaufen am Telefon.

Hahn trainiert Verkäufer in authentischen Situationen, auch direkt beim Kunden. Diesen Schwerpunkt seiner Methode dokumentieren zehntausende Kaltakquisitionen per Telefon und tausende gemeinsame Kundenbesuche mit und ohne Termin. Hahn legt den Finger in offene Wunden und zeigt, wie es besser und erfolgreicher gemacht wird. Daraus resultieren Sofort-Erfolge, die bei den Teilnehmern neue Energien wecken, ihre Motivation stärken und wieder richtig Spaß daran vermitteln, Verkäufer zu sein.

Seine Referenzen:

Bisher haben mehr als 14.000 Teilnehmer seiner unternehmensinternen und öffentlichen Trainings und Workshops ihre Motivation und ihre Umsätze messbar gesteigert. Über 1.693 Verkäufer hat er persönlich gecoacht - direkt am Arbeitsplatz im Unternehmen oder vor Ort beim Kunden mit seinem bewährten Training on the job.
Verkäufer...

- aus allen mögliche Branchen,
- in Kleinbetrieben ebenso wie in Top 50 Unternehmen und DAX-Konzernen,
- von Dienstleistungen, Gebrauchs-, Konsum- und Investitions-güter und
- bei Investitionsvolumen von mehr als 10 Mio. Euro ebenso wie von Produkten um € 5.- das Stück.

Mit seinen Verkaufstrainings

- steigert er Auftragseingang, Umsatz und Ertrag um 10% und mehr Prozent;
- reduziert er die Anzahl der verloren gegangenen Aufträge und sichert so zusätzlichen Umsatz;
- qualifiziert er Ihre Mitarbeiter direkt am Arbeitsplatz im Tagesgeschäft und motiviert sie zu Höchstleistungen;
- gibt er klare Handlungsanweisungen und vermeidet das übliche Marketinggeschwafel;
- lernen Ihre Mitarbeiter praxisidentische Tipps, die sie sofort nach dem Hören im nächsten Kundengespräch aktiv einsetzen und Mehrumsätze erzielen.

Ergebnis:

Sie erreichen damit Sofort-Erfolge, die bei ihren Verkäufern neue Energien wecken, ihre Motivation stärken und wieder richtig Spaß daran vermitteln, Verkäufer zu sein.

Sein Tipp: Entscheiden Sie sich bewusst für einen Trainer, der ein Praxistraining für Verkauf und Akquise anbietet – mit entsprechend hohem Grad an Interaktion, an Übungen und Vertiefungsfällen aus der Praxis der Teilnehmer.

Wenn Sie für Ihre Ziele einen Profi brauchen, der es schafft, in freier Rede Bilder zu erzeugen und Geschichten zu erzählen, die bei den Teilnehmern hängen bleiben, dann fragen Sie jetzt die Verfügbarkeit von Werner F. Hahn an.

- Einer der meistgelesenen Blog (> 600 Artikel) im Internet über VERKAUFEN: www.wernerhahn.de/sales-vitamins

- Seine Bücher finden Sie im Internet u.a. bei Amazon und weiteren 2.500 Online-shops weltweit und in seinem Shop unter: www.wernersshop.de

- Seine Trainingsthemen und Termine finden Sie hier: www.wernersshop.de

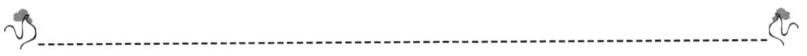

Ich habe nur zwei Grundprinzipien für erfolgreiches Verkaufen:

Glaubwürdigkeit und Vertrauen!

Werner F. Hahn

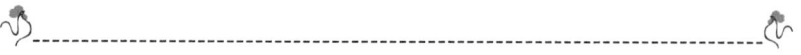

Kapitel #25: sales vitamins – frische Vitamine für besseres Verkaufen

sales vitamins wird -gratis- wöchentlich versendet und in jeder Ausgabe gibt es nützliche Tipps, hilfreiche Techniken und praktische Wort-für-Wort-Gesprächsleitfäden, die deinen Verkaufserfolg garantiert steigern:

Vertriebspraxis pur – ohne Marketinggeschwafel.

Viele Inhalte, die ich in diesem *sales vitamins* veröffentliche, wirst du nirgendwo anders finden. Gegenüber denjenigen, die diese werthaltigen Informationen nicht bekommen, hast du einen enormen strategischen Wissensvorsprung, den du für dein Tagesgeschäft positiv nutzen solltest.

Mein Versprechen: Ich werde dir nur *sales vitamins* schicken und keine anderen E-Mails. Du wirst von mir keinen SPAM erhalten und deine E-Mail-Adresse wird von mir niemals weitergegeben, das garantiere ich dir.

Kapitel #26: Podcast *to go*

Hol dir auf der Fahrt zu deinen Kunden und Interessenten die nötige Dosis von Motivation und Inspiration mit den Themen rund ums Verkaufen. Auch in meinen Podcasts bekommst du perfekte Sätze, Wort-für-Wort-Gesprächsleitfäden, die das Herz deines Gesprächspartners erreichen. Du kennst ja mein Mantra:

Verbindlich Verkaufen mit guten Gefühlen.

Deine Gesprächspartner werden vergessen, was du gesagt hast.
Deine Gesprächspartner werden vergessen, was du getan hast.
Deine Gesprächspartner werden niemals vergessen, welche guten Gefühle sie im Gespräch mit dir hatten.

Die Podcast findest du hier unter www.wernerhahn.de oder du gehst in den iTunes Store und gibst als Suchbegriff „*Verkaufstrainings*" ein und dann geht es sofort los.

Kapitel #27: Persönliche Botschaft

In jungen Jahren habe ich nie davon geträumt, einmal im Verkauf tätig zu sein. Bei mir hat sich das irgendwann „einfach so ergeben." Ich war im Marketing-Bereich der NIXDORF COMPUTER AG für ein neues Computersystem zuständig und viele Verkäufer kamen mit ihren Kunden und Interessenten in die „Welt-Stadt Paderborn, um das Unternehmen kennen zu lernen. Eine meiner Aufgaben bestand darin, das neue zukünftige Computersystem zu präsentieren. Und nach jeder Präsentation kamen die Verkäufer zu mir und sagten: „Werner, du machst das so toll, du musst unbedingt in den Verkauf kommen!" Meine Standard-Antwort darauf: „Ich will nicht so werden wie du!"

Denn zu diesem Zeitpunkt (Mitte der 70er Jahre) waren viele Abdrücker und Hazadeure unterwegs und in dieses Geschäft wollte ich partout nicht einsteigen.

Als aber eines Tages ein Ex-Manager von IBM für zwei Wochen an meinem Schreibtisch saß, lernte ich die wahren Facetten des Verkaufens näher kennen und auf seine Frage: „Werner, wann kommst du denn in den Verkauf?" erwiderte ich: „Nur, wenn du mich ausbildest." So geschah es denn auch: eine Woche später war ich sein Verkaufs-Assistent in Frankfurt/Main.

Nachdem ich mein eigenes Vertriebsgebiet bekommen hatte mit einer eigenen Vorgabe, erreichte ich nach 12 Monaten eine Quotenerfüllung von über 400 Prozent – und das im ersten Jahr.

Eine solche Übererfüllung konnte ich nur erreichen, in dem ich geschaut habe, was die Topp-Performer - die 125%er - alles richtig gemacht hatten.

Mit meinen eigenen persönlichen Ansätzen hätte ich sicher nur eine Quote von 50 Prozent erreicht. Aber diese Konzentration auf die Erfolgreichen zog sich durch mein ganzes Verkäuferleben – immer schauen, was die Profis machen und das Gute übernehmen und auf meine Persönlichkeit abstimmen.

So konnte ich während meiner Tätigkeit als Vertriebsbeauftragter die ersten Assistenten beschäftigen und meine gesammelte Erfahrung in die Ausbildung der jungen Mitarbeiter einbringen.

Die Idee, mich selbständig zu machen, konkretisierte sich nach dem Tode des Firmeninhabers Heinz Nixdorf, der ja auf der CeBIT-Messe 1986 bei einem Mitarbeiterabend plötzlich verstarb. Ich ging noch zu einem schwedischen Unternehmen in Deutschland, baute eine Vertriebsorganisation in Deutschland auf und zwei Jahre später machte ich mich selbständig als Verkaufstrainer.

Mittlerweile bin ich seit über 26 Jahren selbständig und habe tausende von Verkäufern trainiert und im Tagesgeschäft begleitet.

Für mich als Verkaufstrainer zählen immer noch (und das wird auch weiterhin so sein) die Tugenden

- Ehrlichkeit,
- Vertrauen,
- Glaubwürdigkeit,
- Zuverlässigkeit
- Fleiß
- Disziplin
- Professionalität

Denn Menschen kaufen immer von Menschen.

Das schnelle Geschäft bringt dir nur eine Provision, aber keinen langfristigen Beziehungsaufbau mit Kunden, die immer bei dir kaufen, die immer mehr bei dir kaufen.

Fazit:

Erst kommt der Mensch, dann das Produkt!

Kapitel #28: Fachbücher von Werner F. Hahn

Perfekte Formulierungen für deinen Vertriebserfolg
287 Seiten, Softcover
ISBN: 978-3-8370-4097-5

Perfekte Formulierungen für deine Preisverhandlungen
195 Seiten, Softcover
ISBN: 978-3-7431-7355-2

Perfekte Formulierungen für deine Akquisition
195 Seiten, Softcover
ISBN: 978-3-7431-2762-3

Kennst du deinen SALES-IQ?
300 Seiten, Softcover
ISBN: 978-3-7431-3743-1

111 Verkäuferfragen & 111 professionelle Antworten
Werners rote Verkäuferkladde
392 Seiten, Hardcover
ISBN: 978-3-7347-5938-3

88 typische Verkäuferfehler
Werners schwarze Verkäuferkladde
280 Seiten, Hardcover
ISBN: 978-3-8370-4757-8

Mach den Abschluss
Werners blaue Verkäuferkladde
240 Seiten, Hardcover
ISBN: 978-3-8370-3173-7

Mehr Termine. Mehr Aufträge. Einfach und entspannt am Telefon mehr verkaufen.
ISBN: 978-3-8391-9221-4
Werners gelbe Telefonkladde
270 Seiten, Softcover

222 Fragen – Fragen, die Topp-20%-Verkäufer erfolgreich einsetzen
Werners pinke Verkäuferkladde
84 Seiten, Softcover
ISBN: 978-3-7347-6128-7

Vorwand? Einwand? Kaufsignal!
Werners orange Verkäuferkladde
118 Seiten, Softcover
ISBN: 978-3-7386-2224-9

Vorteil? Nutzen! Warum der WERThaltige Nutzen so kaufentscheidend ist
Werner dunkelblaue Verkäuferkladde
108 Seiten, Softcover
ISBN: 978-3-7386-5997-9

Wie Rabatte dein Geschäft ruinieren
Werner grüne Verkäuferkladde
120 Seiten, Softcover
ISBN: 978-3-7386-0220-3

Neue Kunden gewinnen und den Umsatz steigern in der Welt des VERKAUFEN 4.0
Werners türkise Verkäuferkladde
130 Seiten, Softcover
ISBN: 978-3-7386-2487-8

Gestern: Vertriebsprofi
Morgen: Führungskraft im Vertrieb
Werners orange Verkäuferkladde
244 Seiten, Hardcover
ISBN: 978-3-7386-2487-8

12 Schritte zu deinem Vertriebserfolg
80 Seiten, Softcover
ISBN: 978-3-7412-7249-3

Alle Bücher sind bestellbar in jedem Buchladen sowie bei über 2.000 Online-Buchhändlern und Shops, u.a. auch bei www.amazon.de Gib als Suchbegriff bei Amazon auf der Startseite ein: Werner F. Hahn

Die E-Book-Varianten findest du in E-Book-Shops wie Apple iBooks, dem Amazon Kindle Shop, den Tolino Shops oder Google Play, sowie in vielen anderen Online-Shops und bei über 2.000 Online-Buchhändlern

Deine Geldbörse ist das Spiegelbild deiner Seele!

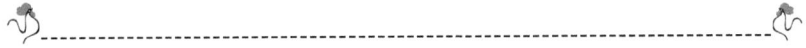

Kapitel #29: 1-Tages-Intensiv-Training: Mehr Termine. Mehr Aufträge. Neue Kunden gewinnen.

Es ist brutal, aber es ist die Wahrheit im Verkauf:

Warum scheitern so viele Verkäufer?
Grund #1: Ihr Verkaufstrichter ist leer.

Warum ist ihr Verkaufstrichter leer?
Grund #1: Weil sie nicht akquirieren.

Verkäufer und Führungskräfte im Vertrieb sind hungrig nach Strategien und Taktiken, wie sie in der heutigen Welt des VERKAUFEN 4.0 neue Kunden gewinnen. *"Wie qualifiziere ich..."* - oder sollte ich fragen: *"Wie disqualifiziere ich meine Interessenten?"*

Leadgenerierung heißt das Zauberwort - Verkäufer hocken vor dem Telefon und warten, dass es klingelt und die Auftraggeber Schlange stehen. *Träum weiter Fritz*, das Internet ist **ein** Weg im Marketing-Mix.

Mehr im Shop unter: www.wernersshop.de

Kapitel #30: 1-Tages-Intensiv-Training: Profite statt Rabatte – Wie Rabatte dein Geschäft ruinieren und wie du ab sofort zum Listenpreis verkaufst!

- *83 Prozent der Unternehmen erleben einen starken Preisdruck*
- *58 Prozent bezeichnen die Situation offen als Preiskrieg*
- *Nur 37 Prozent der Unternehmen gelingt es, ihre Preisforderungen am Markt durchzusetzen*
- *77 Prozent der Unternehmer sagen, dass eine Preiserhöhung nur über neue Produkte möglich sei.*
- *72 Prozent der Neuprodukte verfehlen allerdings ebenfalls die in sie gesetzten Preiserwartungen*
- *Jedes vierte Unternehmen hat nach eigener Aussage nicht ein Produkt im Angebot, das die gesetzten Gewinnziele erreicht.*

Verrückte Welt: Meine Trainingsteilnehmer sagen mir: *"Werner, ohne Rabatt läuft nichts mehr! Der Wettbewerb wird immer härter. Draußen herrscht ein gnadenloser Verdrängungswettbewerb."*

Das Motto: „Einmal Rabatt, immer Rabatt!" Und am Ende bleibt der Profit auf der Strecke – schlecht für den Verkäufer und noch schlechter für das Unternehmen.

Mehr im Shop unter: www.wernersshop.de

Kapitel #31: Schreibfehler?

Dieses Buch wird dazu beitragen, dass du immer besser im Verkauf wirst.

Hast du einen Schreibfehler in dieser Ausgabe gefunden? Mir tut selbst jeder Schreibfehler im Herzen weh. Doch denk bitte dabei an die Blaue Mauritius. Diese Briefmarke ist ein Fehldruck und ein Sammler hat 1993 für eine ungebrauchte Mauritius 1,1 Millionen Euro bezahlt.

Ahnst du, wie wertvoll dieses Arbeitsbuch für dich sein kann?

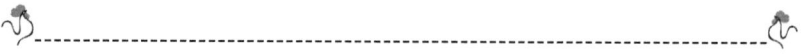

Kapitel #32: Danke!

Danke!

Im Regelfall bedankt sich der Autor bei seinem Schwippschwager, seiner Schwiegermutter, seiner Braut und allen anderen Personen, die ihm besonders nahe stehen und/oder standen.

Ich bedanke mich heute bei dir als mein Kunde – du trägst dazu bei, dass sich mein Bankguthaben vergrößern wird.

Die gute Nachricht: setzt du diese Formulierungen aus diesem Buch konsequent um, dann wird das auch bei dir zu einer prall gefüllten Geldbörse führen.

Und wenn zwei Geldbörsen prall gefüllt sind, ist das für uns beide eine win-win-Situation!

Danke, dass du mein Kunde bist.

Werner F. Hahn

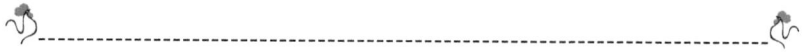

Kapitel #33: Literatur- und Quellenverzeichnis

Carnegie, Dale:	Sorge dich nicht, lebe!
Carnegie, Dale:	Der Erfolg ist in dir
Cialdini, Robert	Die Psychologie des Überzeugens
Detroy/Scheelen:	Jeder Kunde hat seinen Preis
Enkelmann, N. B.:	CHARISMA
Fett, Josua:	Die Mehr-Wert-Strategie
Geffroy,	Herzenssache Kunde
Goldmann, Heinz M.:	Wie man Kunden gewinnt
Goleman, Daniel:	Emotionale Intelligenz
Grimm, Peter:	Der verratene Verkauf
Gschwandtner, G.:	Sales Storys to sell by
Groth, Alexander	Führungsstark in alle Richtungen
Hahn, Werner:	111 Verkäuferfragen & 111 professionelle Antworten
Hahn, Werner:	88 typische Verkäuferfehler
Hahn, Werner:	Mach den Abschluss
Hahn, Werner:	Kaltakquisition? Hurra! Es lebe die Kaltakquise
Hahn, Werner:	Mehr Termine. Mehr Aufträge.
Hahn, Werner:	Wie Rabatte dein Geschäft ruinieren
Hahn, Werner:	222 Fragen
Hahn, Werner:	Vorwand? Einwand? Kaufsignal!
Hahn, Werner:	Neue Kunden gewinnen und den Umsatz steigern
Hahn, Werner:	Vorteil? Nutzen!
Hahn, Werner:	Perfekte Formulierungen für deinen Vertriebserfolg
Hahn, Werner:	Perfekte Formulierungen für deine Preisverhandlungen
Hahn, Werner :	Perfekte Formulierungen für deine Akquisition
Hahn, Werner :	Kennst du deinen SALES-IQ?
Heller, Robert:	Erfolgreich Verkaufen

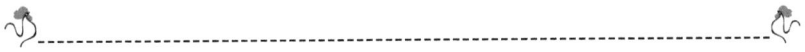

Hopkins, Tom	Erfolgreich Verkaufen für Dummies
Pink, Daniel	MEHR WERT – Die Kunst gefragt zu sein
Schäfer,	Vertrauen im Verkauf

Kapitel #34: Haftungsausschluss

Der Autor übernimmt keinerlei Gewähr für die Aktualität, Richtigkeit und Vollständigkeit der bereitgestellten Informationen in diesem Buch. Haftungsansprüche gegen den Autor, welche sich auf Schäden materieller oder ideeller Art beziehen, die durch die Nutzung oder Nichtnutzung der dargebotenen Informationen bzw. durch die Nutzung fehlerhafter und unvollständiger Informationen verursacht werden, sind grundsätzlich ausgeschlossen, sofern seitens des Autors kein nachweislich vorsätzliches oder grob fahrlässiges Verschulden vorliegt.

Meine Angebote sind freibleibend und unverbindlich. Als Autor behalte ich mir es vor, Teile der Seiten oder das gesamte Angebot ohne gesonderte Ankündigung zu verändern, zu ergänzen, zu löschen oder die Veröffentlichung zeitweise oder endgültig einzustellen.

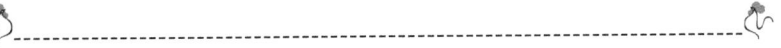

Kapitel #35: Kontaktdaten Werner F. Hahn

Telefon: 0171 – 650 56 90
Internet: www.wernerhahn.de
Blog Verkaufen: www.wernerhahn.de/sales-vitamins
E-Mail: salesman@wernerhahn.de
Facebook: https://www.facebook.com/VerkaufstrainingWFHahn/
YouTube: http://youtu.be/c9sh1bMFph0
XING: https://www.xing.com/profile/WernerF_Hahn
Twitter: https://twitter.com/WernerFHahn
Google+:
https://plus.google.com/u/0/+VerkaufstrainerWernerFHahn/posts
LinkedIn: http://de.linkedin.com/pub/werner-f-hahn

Übung #1: Auflösung geschlossene Fragen umwandeln in offene Fragen:

Geschlossene Frage:	Offene Frage:
„Haben Sie ein Problem mit Ihrer Internetverbindung?"	„Welches Problem haben Sie mit Ihrer Internetverbindung?"
„Haben Sie schon mal einen Preisvergleich gemacht?"	„Wann haben Sie einen Preisvergleich gemacht?"
„Waren Sie zufrieden mit dem Einkauf?"	„Wie zufrieden waren Sie mit dem Einkauf?"
„Haben Sie etwa noch weitere Fragen?"	„Welche weiteren Fragen haben Sie jetzt noch an mich?"
„Gibt es das Teil auch in grün?"	„In welchen weiteren Farben gibt es das Produkt?"
„Haben Sie eine Idee, wie Sie diese Informationen bekommen können?"	„Welche Ideen haben Sie, um diese Informationen zu bekommen?"
„Haben Sie die Entscheidung alleine getroffen?"	„Wer war alles in den Entscheidungsprozess mit eingebunden?"
„Sind Sie an neuen Lösungen interessiert?"	„An welchen neuen Lösungen sind Sie besonders interessiert?"
„Gibt es Neuigkeiten zu der Ausschreibung?"	„Welche Neuigkeiten gibt es bez. der Ausschreibung?"
„Haben Sie eine Entscheidung schon getroffen?"	„Welche konkrete Entscheidung haben Sie getroffen?"
„Können Sie mir sagen, wie spät es ist?"	„Wie spät ist es?"

Übung #2: Negative Aussagen umwandeln in positive Aussagen

Negative Aussage:	Positive Aussage:
„Sie sind ja nicht so weit weg."	„Sie sitzen ja gleich um die Ecke."
„Wir können vor Freitag nicht liefern."	„Die Lieferung habe ich für Freitagvormittag vorgesehen."
„Die lokale Präsenz finde ich nicht unwichtig."	„Die lokale Präsent finde ich wichtig."
„Es ist nicht unüblich, dass ...."	„Es ist üblich, dass..."
„Damit stellen wir sicher, dass Ihnen nichts entgeht."	„Damit stellen wir sicher, dass Sie alles mitbekommen."
„Dann spricht doch nichts dagegen, dass wir den Vertrag jetzt unterschreiben."	„Dann spricht doch alles dafür, dass wir die Vereinbarung jetzt beide abzeichnen."
„Der Verkaufstrainer ist ja nicht ganz unerfahren."	„Der Verkaufstrainer ist ja erfahren."
„Die Dame ist nicht ganz unvermögend."	„Die Dame ist vermögend."
„Drei weitere Netzkarten brauchen Sie nicht?"	„Wie viele weitere Netzkarten benötigen Sie?"
„Das ist nicht schlecht."	„Das finde ich gut!"
„Es hat durchaus nicht unrecht."	„Er hat durchaus recht."
„Wer nicht reist, liegt nicht im Trend."	„Wer reist, liegt absolut im Trend."

Übung #3: Aussagen mit Weichmachern umwandeln in eine zielorientierte positive Sprache

Weichmacher:	Zielorientiert:
„Herr Ober, kann ich bitte bezahlen?"	„Herr Ober, die Rechnung bitte!"
„Ich wollte mal fragen, ob mein Angebot bei Ihnen eingetroffen ist."	„Mein Angebot liegt Ihnen ja vor, welche Fragen haben Sie dazu?"
„Seit wann sind Sie hier beschäftigt? Wenn ich mal fragen darf?"	„Seit wann sind Sie hier beschäftigt?"
„Können Sie mir das mal erklären?""	„Bitte erklären Sie mir das doch."
„Würden Sie diesen Sachverhalt bitte prüfen?"	„Bitte prüfen Sie den Sachverhalt."
„Frau Müller, dürfte ich Sie mal was fragen?"	„Frau Müller, meine direkte Frage an Sie...."
„Herr Schneider, würden Sie das bitte zur Kenntnis nehmen?"	„Herr Schneider, bitte nehmen Sie das zur Kenntnis."
„Es wäre auf jeden Fall zu überlegen."	„Das überlege ich mir."
„Könnte ich den Auftrag von Ihnen noch heute bekommen?"	„Wann bekomme ich den Auftrag von Ihnen, damit wir zeitnah starten?"
„Können Sie das noch einmal wiederholen, ich habe das nicht verstanden."	„Damit ich das verstehe habe ich die Bitte, dass Sie das nochmal wiederholen."
„Kann ich etwas für Herrn Hoppe notieren oder möchten Sie es später nochmal versuchen?"	„Welche Information soll ich für Herrn Hoppe notieren oder rufen Sie später nochmal an?"

Weichmacher:	Zielorientiert:
„Darf ich dann zwei oder lieber drei Paletten notieren?"	„Da empfehle ich Ihnen direkt schon die Bestellung von drei Paletten – wann sollen diese geliefert werden?"
„Möchten Sie die Lieferung einzeln oder dürfen wir die Bestellungen zusammenlegen?"	„Bevorzugen Sie die Lieferung einzeln oder eher eine Komplett-Lieferung?"

Beispiel #5: Übung

Produkt:	Anzug/Kostüm
Produkt-Merkmal:	Besonderer Stoff
Vorteil:	Knitterarm
Brückensatz:	Das bedeutet für Sie...
Nutzen:	Gerade für Sie als Verkäufer ist es wichtig, dass selbst nach 300 KM Autofahrt das Sakko gepflegt aussieht und Sie weiterhin bei Ihrem Kunden eine gute Figur abgeben.
Abschließende Frage:	Welche Farbvariante bevorzugen Sie? Oder Welche Weste bevorzugen Sie dazu?
Kaufmotiv:	Komfort, Prestige, gutes Aussehen

Beispiel #6: Übung

Produkt:	Software
Produkt-Merkmal:	Speziell für Speditionen
Vorteil:	Exakte Berechnung der Ladekapazitäten
Brückensatz:	Das erreichen Sie...
Nutzen:	Mit einer Steigerung der Ladekapazitäten um bis zu 40 Prozent.
Abschließende Frage:	Wie viele Fahrzeuge sind bei Ihnen täglich im Einsatz?
Kaufmotiv:	Profit, Gewinn, Ökologie

Deine konkreten Akquisitions-Ergebnisse

So sieht der Vordruck für meine telefonische Akquisition aus:

Erfolgskontrolle Telefonakquisition

Aktion: ....

Datum: ....

Mitarbeiter: ....

Startzeit: .... Uhr   Ende: ....Uhr

Total: .... Std.

Wählvorgänge[1]: ....

Bruttokontakte[2]: ....

Nettokontakte[3]:   ....

    Termine: ....

    Später: ....

    WV: ....

    Noch kein Interesse: ....

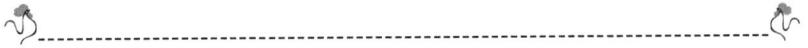

1) Jedes Eintippen einer Telefonnummer wird hier gestrichelt (das kennst du vom Bierdeckel).

2) Hier werden die Bruttokontakte gestrichelt; dazu gehören der Assistent, die Sekretärin, der Anrufbeantworter, die Telefonzentrale, der Papagei etc.

3) Hier werden ausschließlich die Nettokontakte eingetragen. Die Ziele können von Projekt zu Projekt unterschiedlich sein. Mein wichtigstes Ziel ist eine Terminvereinbarung – deswegen steht sie hier auch an erster Stelle.

Meine Ergebnisse summiere ich und berechne dann das Ergebnis pro Stunde. Mein Ergebnis kann zum Beispiel so aussehen:

Wählvorgänge: 86
Bruttokontakte: 31
Nettokontakte: 65

Termine: 07
Später: 13
WV: 28
Noch kein I.   17

Bei einer Telefonierzeit von zwei Stunden ergibt sich aus dem vorliegenden Beispiel eine Quote von 3,5 Terminen pro Stunde (herzlichen Glückwunsch!).

Oder anders ausgedrückt: Bei 65 Entscheidergesprächen (Netto) ergeben sich sieben Termine (ca. 10 Prozent).

Oder anders ausgedrückt: Bei 43 Wählvorgängen erziele ich innerhalb von einer Stunde 3,5 Termine. Benötige ich einen weiteren Termin pro Tag, so sind das lediglich 12 Wählvorgänge mehr – so einfach ist das, wenn ich meine Quote kenne.